ROGÉRIO GOMES, C.Ss.R.

PROVOCAÇÕES PARA SERMOS MELHORES

A vida que provoca a fé e a fé que ilumina a vida

EDITORA
SANTUÁRIO

Coordenação Editorial: Ana Lúcia de Castro Leite
Copidesque: Luana Galvão
Revisão: Sofia Machado
Diagramação e Capa: Maicon Rodrigo dos Santos

Dados Internacionais de Catalogação na Publicação (CIP) de acordo com ISBD

G633p Gomes, Rogério

Provocações para sermos melhores: a vida que provoca a fé e a fé que ilumina a vida / Rogério Gomes. - Aparecida : Editora Santuário, 2022.
128 p. ; 14cm x 21cm.

Inclui índice.
ISBN: 978-65-5527-208-6

1. Religião. 2. Cristianismo. 3. Fé. I. Título.

CDD 240
2022-1630 CDU 24

Elaborado por Vagner Rodolfo da Silva - CRB-8/9410

Índice para catálogo sistemático:
1. Religião : Cristianismo 240
2. Religião : Cristianismo 24

1ª impressão

Rua Pe. Claro Monteiro, 342 – 12570-000 – Aparecida-SP
Tel.: 12 3104-2000 – Televendas: 0800 - 0 16 00 04
www.editorasantuario.com.br
vendas@editorasantuario.com.br

SUMÁRIO

PREFÁCIO

O livro "Provocações para sermos melhores" convoca o leitor, a partir de reflexões teológicas, a dialogar com conflitos presentes na vida em diferentes momentos e circunstâncias.

Os textos foram escritos durante a pandemia da Covid-19, anunciada na China em novembro de 2019 e iniciada no Brasil em fevereiro de 2020. Datas que, por si, só oferecem uma noção do nível de aceleração da transmissão do vírus e apontam nosso tempo de globalização, de amplas interconexões entre as sociedades na contemporaneidade. Apontam para movimentos presentes no funcionamento das relações sociais, políticas e econômicas e também na transmissão rápida e veloz de dados digitais.

A magnitude das perdas sofridas, o elevado número de contaminações e de mortes provocadas pelo alastramento da pandemia no planeta terra, afetou, de modo incontornável, a vida da humanidade. Não se podem deixar de considerar, entretanto, a banalização dessas perdas, que, em muitos lugares, houve; a relevância do contexto diferenciado dentro do qual cada cidadão é cuidado ou não pelo estado, de acordo com a posição social que ocupa; e, ainda, a singularidade das implicações subjetivas desses processos que envolvem luto e também luta.

O quadro, que sinteticamente resumimos, situa, brevemente, os impasses vividos no momento da escrita do livro e acentua embates existenciais que o livro de Rogério Gomes aborda e nos estimula, de modo provocativo, a enfrentar.

Para além das perdas, a pandemia trouxe novas incertezas e angústias. A morte passou a ocupar o centro da vida, no cotidiano e nos noticiários, diferentemente do que ocorria desde o advento da sociedade moderna, em que saúde e morte tornaram-se objetos de investigação das áreas técnico-especializadas. Procurou-se estabelecer uma maior separação entre vida e morte. Com a saída de cena da morte, aparentemente, desapareceu esse limite intransponível. A morte deixou de representar uma ameaça à vida. Entretanto, com a pandemia, com o grande número de contaminações e mortes, essa ameaça se tornou uma eminente possibilidade.

E a vida, de qualquer modo, já era inevitavelmente interrogada pela morte, por essa presença que escapa ao controle, suscetível de produzir outra abertura ao outro. Questionamento que surge com a consciência da finitude que toca a todos como possibilidade, na medida em que somos mortais.

Na pandemia, na tentativa de diminuir danos, foram tomadas medidas de urgência, com implicações no modo de viver e se relacionar em sociedade.

Uma delas foi o isolamento social, procedimento adotado, na tentativa de diminuir o número de contaminações. Algumas famílias tiveram acirramento de conflitos já existentes. Outras pessoas não tiveram condições de se isolar, perderam seu trabalho, ficaram sem condições básicas para sobreviverem e ainda perderam familiares contaminados pelo vírus. Viram seu horizonte presumido desmoronar em poucos dias ou horas, sem poderem organizar cerimônias presenciais de despedida.

Produziram-se discursos públicos de banalização e indiferença à dor dos enlutados, em uma compreensão da dinâmica da vida na sociedade capitalista, como uma sequência de movimentos acelerados, ininterruptos, sem possibilidade da existência de tempos para rememoração e reconhecimento da dor sentida. Diante da magnitude da hecatombe, ampla dificuldade de singularizar as perdas.

Nomes se tornaram números, como em um contexto de guerra. Visibilidade escancarada da morte nos noticiários que contabilizaram números e a realidade de muitos enlutados pela morte de familiares e amigos. De tão presente, a morte pareceu cegar e paralisar, de modo melancólico, com efeitos avassaladores de dessensibilização ao luto e ao direito de sentir a perda. Levou a indiferença à vida. Como sabemos, o modo como se lida com a morte é também o modo com o qual se lida com a vida.

Tal lida, de natureza ética, remete, em última instância, à maneira por meio da qual é garantido o direito ao luto. Ao ser negado esse direito, produzem-se efeitos destruidores das relações entre as pessoas. Pois o luto mobiliza questões fundamentais ao convívio, vinculadas à memória, à universalidade, ao reconhecimento e à suspensão temporal.

Esses aspectos, movimentados em um trabalho de luto, que envolvem ressignificação de lugares e papéis sociais, apontam para um voltar-se à interdependência inerente ao humano. Implicam considerar uma história que antecede e oferece referências de pertencimento a determinado contexto que se mantém no discurso, na memória dos que sobrevivem. Processos que exigem tempo. Rituais e cerimônias tentam oferecer espaços para a memória ser compartilhada, em vista de possibilitar inscrição simbólica da perda de cada um, mas também de uma comunidade de convívio.

As perdas e as rupturas ocorrem, incidem na vida, mas exigem travessias por vazios e ambivalências. Implicam singularização e abertura de sentidos no contrafluxo da aceleração contemporânea.

Afirmações de indiferença e ódio tentam banalizar as perdas. É preciso, entretanto, encontrar espaços que possam garantir opção ética, social e política, com respeito à diferença e ao tempo de cada um.

A dor da perda e as rememorações insistem e buscam dar lugar ao vivido no que se atualiza nas relações do presente, uma vez sustentadas, na transmissão da palavra e do fazer, necessários para continuar apostando na vida em devir.

Poder-se-ia dizer que muitos textos deste livro apontam para tensionamentos e ambivalências do amplo processo de perda, dor e sofrimento, que vivemos contemporaneamente, de modo muito especial, ao revisitar dores que um percurso implica quando não há certeza de onde irá desembocar. Mas a travessia se impõe.

É preciso caminhar, mesmo em "Noite escura", como sugere o título do poema de São João da Cruz:

"Sem outra luz nem guia
Além da que no coração me ardia.
Essa luz me guiava,
Com mais clareza que a do meio-dia
Onde me esperava/ Quem eu bem conhecia,
Em lugar onde ninguém aparecia.
Oh! Noite, que me guiaste..."

São João da Cruz, séc. XVI

Rita de Cassia Mendes Alvares
Psicanalista e Psicóloga. Doutora em Psicologia pelo Instituto de Psicologia da Universidade de São Paulo (USP), Mestre em Psicologia Social e Institucional pela Universidade Federal do Rio Grande do Sul (UFRGS).
E-mail: ritacalvares@gmail.com

INTRODUÇÃO

Este livro contém algumas provocações para nos ajudar a sermos melhores. O verbo provocar é composto de suas palavras latinas: *pro* – ir para frente; *vocare* – chamar. Assim, provocar, em seu sentido originário, é chamar à frente, desafiar, estimular. Em outros termos é desafiar nossa vocação de sermos melhores e, consequentemente, trabalharmos para mudar nosso entorno. Todos sonhamos em mudar o mundo, porém, se não começamos de dentro de nós e a partir das pequenas coisas cotidianas, será difícil transformarmos as demais. Temos de provocar nossa consciência para confrontarmos quem somos e conhecermos nossas potencialidades para a criatividade e a mudança. Nossa consciência é vocacionada a fazer o bem, ainda que tantas vezes façamos o mal, que não queremos (cf. Rm 7,19).

A possibilidade de sermos bons e agirmos com bondade se dá nesta vida, neste mundo. Para isso fomos criados. Assim, cada instante de nossa vida se traduz em possibilidades de fazer algo melhor. Até nossos erros podem ser pedagógicos na medida em que nos deixam uma aprendizagem para qualificar nosso agir. Aí está uma provocação... o que aprendemos de nossos erros?

Viver neste mundo não é fácil. Somos confrontados, desafiados a todo momento. No entanto é nele que construímos nossa história. Nenhuma história humana é uma tragédia, mesmo com suas adversidades. Ela é sempre possibilidade de algo novo, de construir algo bom. Há pessoas que perderam essa capacidade e elegeram o mal como prática de vida. São seres que não suportam a humanidade e vivem um processo de autodestrutividade interior que se externaliza em fazer o mal ao outro e até eliminá-lo. São pessoas que se fecharam à provocação do valor da existência. Fazem de suas histórias não uma tragédia, mas o reino do egoísmo, que desconsidera ao outro e, no fundo, a si mesmo. Conviver com o mal e com a possibilidade de fazê-lo e reverter tal potencialidade em favor da vida, eis outra provocação e nossa missão!

É na vida, com tudo que a compõe, que vivenciamos nossa fé. Ela é o alicerce naqueles momentos em que nossas noites se encontram escuras e nos abatem o medo, a incerteza e nos encontramos perdidos. É o farol que abre fendas na escuridão para que possamos encontrar o caminho e prosseguir nossa viagem existencial e espiritual. Precisamos ter fé na vida e vida da fé! Assim, vamos respondendo a nossa vocação de transformar o mundo a partir dos pequenos atos de fé, de esperança, de amor e de humanidade.

Este livro toca naquilo que somos, neste mundo. Para a vida eterna, o outro mundo, não levamos a materialidade das coisas, mas a capacidade de amar, de fazer o bem. Quem não ama não se ama, não se deixa amar e não faz o bem; é estéril diante da vida. E amar, fazer o bem implica tantas vezes sofrer e ser provado neste mundo. O sofrimento de viver a vida com intensidade, com suas contradições, seus pecados e suas graças não são inúteis, porque tudo ganha sentido, quando se faz por amor e bondade. Eis aí um verdadeiro sentido daquilo que é nossa vocação.

Os textos são curtos e em estilo poético para facilitar a leitura e a reflexão. Nascem da concretude da vida, daquilo que, de fato, somos. Se queremos chegar até Deus, nosso fim último, não existe outra via senão começar por nossa imagem e semelhança, nossa originalidade, manifestada neste mundo. Uma espiritualidade do alto, sem antes conhecer o humano, pode se desvirtuar ser apenas mera formalidade, nunca uma profunda experiência de Deus, que conhece nossa carne, porque ele mesmo se encarnou (cf. Jo 1,1-14). No final de cada escrito, há algumas perguntas ou alguns textos bíblicos para aprofundar a meditação e a oração.

SEGUIR O CAMINHO

Seguir o Caminho!

Eis o desafio e a beleza do percurso!

Ao caminharmos, em meio ao mundo, somos seres que perguntam "por quê?", diante daquilo que nos provoca. Mesmo com nossos pés feridos, com profunda dor ontológica, e deparando-nos com aquilo que mata o ser humano, buscamos ser melhores, manter o equilíbrio e executar uma bela sinfonia no concerto da vida.

Diante da vida, perguntamo-nos o que somos, o ser que somos e tentamos compreender a metáfora que somos. E descobrimos que somos originais com tamanha irrepetibilidade, compostos das inúmeras memórias de redenção, que nos conduzem à ressurreição. Trilhando o caminho do amor e da mística não desanimamos e não desistimos de nós mesmos, ainda que estejamos fragmentados. Há sempre que recomeçar, com persistência, até chegar o pôr do sol ou mesmo quando tudo estiver escuro.

No entanto a vida e seus mistérios nos mostram sempre um lugar no horizonte. E, entre tantas paisagens, nasce a arte de discernir e mudar a partir de nós mesmos, para melhorarmos o mundo onde habitamos, em meio ao pecado e à graça. E em meio às turbulências mundanas nosso pedido e nossa inquietação: "Senhor, dá-nos a paz!", "livra-nos, Senhor, do mal!", "Deus, onde estás?" E diante de tal interpelação, Deus se apresenta com sua divina irrepetibilidade, que nos é dada a conhecer por meio da mística e da mística do cotidiano.

E no cotidiano se dá a saudade, o luto no luto e a busca da força para além de nós mesmos. Com ternura e eternidade, compaixão, com nossa essência e indecência, levantamo-nos cedo para aproveitarmos a beleza do mundo, tantas vezes com o coração inquieto. E, em sua luz divina, a qual é simplesmente amor, vamos tecendo nossos fios no tear da vida. E, em cada fio, nossa oração de oferta por tudo o que recebemos com tamanha gratuidade.

E nesse árduo trabalho de evangelizar nossas profundezas, mesmo quando não queremos rezar, urge refletir, em nosso íntimo, sobre a beleza que nos rodeia com sua imanência e transcendência. E a beleza nos libera do reino dos mortos e nos ajuda a renovar o espírito no Espírito.

E assim, ao final desse caminho, imploramos: Senhor, ajuda-nos a não nos perdermos! Mais um dia se passou! Envia-nos o anjo da guarda para nos proteger de todo o mal! Amém.

Para meditar:

- Jo 14,6; At 9,2; At 24,13-16; Dt 5,32-33; Pr 16,9.
- Ao longo de seu percurso, permita-se que a vida provoque sua fé e a fé ilumine sua vida.

POR QUÊ?

Por que não melhoramos o mundo? Por que esperar de outros, se podemos, aos pouquinhos, fazer nossa parte?

Talvez esperamos demais os outros, e isso nos coloca em um estado de letargia e de passividade agônica.

Os santos souberam esperar, mas eram profundamente inquietos e provocadores, uma verdadeira pedra no sapato dos adeptos da espera passiva ou da camuflagem das falsas morais, cuja função nada mais era, e continua a ser: não querer a mudança...

Mudar. Por que é tão difícil mudar? Mudar hábitos adquiridos que nos massificam e corroem nossa humanidade. Mudar formas de pensar, sem medo de perdermos a visão de mundo, tantas vezes arraigada no desejo de sermos donos da verdade.

Mudar... não ser dono da verdade. E, assim, a verdade nos torna livres (Jo 8,32). Quem é dono da verdade jamais é livre, é detentor de profunda cegueira. Escraviza a si mesmo e aos outros, pois teme a pergunta: por quê?

Por que é sempre mais fácil moldar o outro a minha imagem e semelhança? Não é assim que tantas vezes desejamos?

Por que a verdade do outro nos incomoda? Por que estamos sempre preocupados com sua forma de viver, com sua cor de pele, com sua sexualidade, com sua religião, com seus costumes, com sua economia e tantas outras coisas superficiais, menos com a Pessoa?

Por que nos custa enxergar o belo que existe no diferente do outro, se Deus nos criou um verdadeiro mosaico, que forma o substrato daquilo que chamamos humanidade?

Por que nos custa tanto compreender o outro? Esquecemo-nos de que, por detrás de um rosto, existe uma história com alegrias, tristezas, cruzes, ressurreições, fidelidades e infidelidades, um mistério... um mistério com sua dor ao parturejar a verdade de um ser que, muitas vezes, já o julgamos e o inserimos em uma forma, acabado. Julgamos com nossa verdade e perdemos a epifania do ser que compõe o mosaico do mundo e o faz mais belo.

Por que nos custa enxergar além das aparências e ver uma Pessoa? Quiçá porque não olhamos nosso espelho existencial e nos desnudamos, diante dele, de nossas verdadeiras máscaras em forma de verdade. E, assim, nus, com o rosto limpo, diante de nós mesmos, de nossa humanidade, enxergaremos a verdade do outro, uma Pessoa, não sua aparente silhueta. Seremos livres da camuflagem das falsas morais escravizadoras e dogmáticas, que fazem o mundo patético, doentio, tão confuso e tão complicado, obscurecendo sua beleza.

Falta-nos deixar a verdade nos fazer livres... Por quê?

Para meditar:

- De que situações recentes me libertei?
- O que posso e devo fazer para melhorar minha vida e à das pessoas a meu redor?

PÉS FERIDOS

Nos passos de nossa existência, fazemos cada dia um pedaço de caminho... Entre a surpresa e a beleza, está a angústia como condição existencial do ser humano. Angustia-nos não conhecer o que vem depois das curvas acentuadas ou das encruzilhadas, especialmente quando somos chamados a tomar uma decisão: seguir por uma estrada desconhecida...

Na dilemática angústia de nossas escolhas, conforta-nos que é possível fazê-las e experimentar as surpresas que se encontram nas curvas íngremes desenhadas e traçadas nas montanhas da vida ou nas encruzilhadas, decorrentes das diversas sendas percorridas.

Talvez, além da angústia, carregamos conosco as dores dos pés feridos, resultantes de caminhos pedregosos, áridos e espinhosos, que atravessamos e fazem não somente sangrá-los, mas também sangrar nossa alma. E, na alma dolorida, com vontade de desistir, o sangue se torna a marca do caminho para não o perder e não o abandonar.

Os pés feridos sabem que há uma longa estrada por fazer e levarão o caminhante a confrontar com os mistérios do percurso e com o encantamento que dele surge. E a própria dor da ferida faz com que os pés não desistam de caminhar, pois, se não o fazem, não levarão o caminhante a experimentar a agonia e o êxtase da viagem. Eles são provados no caminho e são a prova do caminho...

Os pés feridos vão deixando as pegadas de sangue ao longo da estrada. As gotas do líquido vital, apesar da dor, colorem, dão a vivacidade na dureza do chão da estrada. São marcas de nossa perseverança e da luta para não desistirmos, até mesmo quando não temos estrada...

No ritmo dos passos sempre há uma sombra, um lugar para descansá-los, curá-los. Esse lugar repousante é a fé.

A fé é o bálsamo que cura, não somente os pés feridos, mas também a angústia de não conhecer o que vem depois das curvas, das encruzilhadas e da estrada desconhecida... Afinal, a fé não "é a realidade dos bens esperados, a prova das coisas que não se veem"? (Hb 11,1). Ela possibilita-nos antever a beleza do caminho, a perseverar, mesmo com os pés doloridos e feridos, a superar as curvas que serpeiam a montanha, pois além delas está a surpresa do infinito horizonte. E quem não ousa resistir à dor dos pés não pode descortinar as portas da beleza.

Os pés feridos são a salvação da humanidade!

Não foi por meio deles que o Caminhante de Nazaré percorreu as vilas, os vales e as montanhas, os caminhos pedregosos da *via-crúcis*? Não foram seus pés feridos, crucificados por não desistir do mistério do humano que ele mesmo quis assumir? Não foram os pés feridos que trilharam o caminho do jardim da ressurreição?

Todos temos pés feridos...

Mesmo curados, levamos conosco as cicatrizes da marca do caminho, as manchas do sangue na alma.

Mas sem caminho não se vai a lugar nenhum.

E percorrê-lo é tocar o duro chão da existência, machucar os pés para descobrir a beleza da própria angústia da escolha...

Para meditar:

- Quais são as situações que ferem seus pés ao longo do caminho?
- Que meios usa para curá-los e perseverar no caminho da vida?

DOR ONTOLÓGICA

Para além da dor, a perda da consciência como preservação do ser.

Para a dor física, o lenitivo, o anestésico, o coma induzido... e, no doloroso silêncio, o desejo de despertar livre da dor.

Todos nós, de alguma ou outra forma, já experimentamos a dor física. Ela expõe nossa fragilidade ou resistência, nossos gritos e gemidos, nossos silêncios.

A dor, seja qual for, desnuda-nos diante de nós mesmos, diante do espelho existencial.

Mas há uma dor que não é física, é dor lancinante que faz doer cada pedacinho do existir humano. É a dor de não ser aceito, de não ser compreendido, de não ser amado. Aquela dor de quem não é reconhecido na própria existência e liberdade.

E por causa disso, há tantos seres que não puderam suportar a dor ontológica e desistiram do mundo. Não por fracasso ou covardia, mas porque não encontraram alguém que pudesse ressignificar o alfa e o ômega da própria existência.

Existem dores ontológicas profundas que torturam a alma...
A dor do preconceito cultural, social, racial e sexual,
aquela que desqualifica,
aquela que despotenciliza,
aquela que despersonaliza,
aquela da profunda indiferença,
aquela que transforma o outro em um ninguém sem nome...

Todos nós, de alguma forma ou outra, já experimentamos a dor física. Talvez nem todos, a ontológica. Pode ser que, consciente ou inconscientemente, já infligimos em alguém uma pitada de dor ontológica. Diante de nosso espelho existencial, podemos enxergá-la e, ao mesmo tempo, tornarmo-nos autênticos, apesar das dores.

A dor é parte do humano e do divino.

Em seu Filho, Deus experimentou a dor física por sua paixão e morte; a dor ontológica por ver o ser humano desprezar sua própria imagem e semelhança e abandonar o próprio amor divino.

Na dor onipotente de Deus se encontra o amor.

E nele todos somos salvos, curados de toda dor física e ontológica.

Para meditar:

– O que mais lhe feriu até hoje?

– Como você curou as próprias feridas e se reconciliou com as realidades ou pessoas que lhe causaram feridas?

– Qual foi o aprendizado para sua experiência de fé?

O QUE MATA O SER HUMANO?

O que mata o humano e o ser humano?

Mata o humano aquilo que não o faz reconhecer-se como ser gerador de humanidade.

Aquilo que o aniquila e vai carcomendo seu ser e o transformando apenas em um simulacro, de modo a se ver sem um rosto e não ver seu próprio rosto no outro.

É possível matar o humano e não o ser humano, mas a morte de um ser humano pode ser decorrência da morte do humano, do mistério, da centelha de vida, do espírito vital, do Espírito, que cria e recria.

Há seres humanos que se esquecem de sua humanidade... São aqueles que se revestem da superioridade e se põe acima de todos. Creem que podem desprezar, humilhar o outro, a partir de sua cor de pele. Acreditam que podem violar a liberdade do outro, por meio de suas leis e concepções de mundo uniformizantes. Acreditam em Deus, os extremamente puros, religiosos, prontos para julgar e condenar sumariamente. Valorizam o pecado, esquecem o ser humano pecador... Matam pelo farisaísmo, pelo fanatismo, pela hipocrisia religiosa.

Dessa religião até Deus se torna ídolo..., apenas um Deus cativo em uma cela de ouro, para justificar interesses egoístas, que desprezam quem ousa pensar e vislumbrar horizontes diferentes, além dos cânones de pureza e da santidade vazia, sem mística que neurotiza, exclui e mata por incapacidade de se compadecer e amar.

O que pode matar o humano e o ser humano?

O desumano, gerador de *tanatos*, da divisão, violência, da opressão, da guerra, do ódio.

O desumano é diabólico, aquilo que não dá chance do outro ser...

Tal morte não pode ser aceita! É fruto do mal.

Não é aquela que nos espera como coroamento de nossa obra de arte existencial, que vai nos fazendo contemplar o pôr do sol de nossa vida de maneira sapiencial para dormir o sono humano, de quem foi humano e se construiu ao longo da história, e acordar transcendentemente a ver o nascer do Sol Nascente, que nos veio visitar (cf. Lc 1,78). Não é aquela que nos faz ver detalhadamente o ser humano que somos em sua singeleza, construído com pedacinhos de argila existencial e formado, a cada dia, juntando cada pedacinho de humano e, paciente e sabiamente, colocado no ateliê da humanidade para construir um mosaico existencial que resplandece a beleza do Sol Nascente...

São esses seres humanos que geram a humanidade. São fecundos.

Tocam a vida em seu mistério.

E estão sempre em construção...

Não são puros, mas carregam em si a mística da vida, capaz de interpretar os sonhos e promover horizontes de esperança onde habita a desumanidade...

São esses homens e essas mulheres que nos fazem perguntar inquietantemente: o que faz viver o humano e o ser humano?

É disso que nossa humanidade precisa...

Para meditar:

- De que modo podemos melhorar o mundo e humanizá-lo?
- Qual seu sonho para o mundo?
- Leitura: Is 11,6-10; Mt 5,38-48; Mt 28,17-28.

SER MELHOR

Na imensidão do Universo, somos fagulhas pensantes provocadas pelos ventos do tempo a acender a luz de nossa consciência e vamos nos situando no espaço e no tempo para construir um pedaço de história.

Somos fagulha de uma história que começou antes de nós e da qual não sabemos o destino... Cabe-nos tomar a parte que nos foi concedida e tecê-la com os fios de nossos dias, com suas cores e texturas, com as agulhas de nossos sonhos, que bordam a realidade.

Somos a história breve com seus mitos e ritos, suas guerras e suas vitórias, seus heróis e seus bandidos, suas amarras e suas liberdades, suas dúvidas e sua fé, suas mortes e suas ressurreições. Somos um pouco de tudo, humanos e divinos, mas não somos tudo...

Somos seres dançantes, regidos pelos ventos do tempo, que nos vai fazendo dançar os diversos ritmos da música da vida, no palco da existência, composto de seres que compartilhamos a comum epopeia de construir parte da história do mundo.

Na fagulha acesa pelos ventos do tempo, tornamo-nos pontos de luz, que podem iluminar, aquecer ou queimar. E, como velas a bailar e a lutar contra os ventos do tempo, vamos nos consumindo, na tentativa de iluminarmos o mundo, sermos melhores. Vivemos a tensão do ser luz, consumir-se, compartilhar luz e não queimar quem nos toca.

E assim, dançantes no tempo, podemos ser melhores. E como sê-lo, quando os ventos do tempo se transformam em tempestade e sopra tanto que apaga nossa centelha ou nos faz incendiar o mundo, sem que queiramos? Deparamo-nos com a nudez de nossa falta de resposta...

Há algo em nossa fagulha pensante que os ventos do tempo não apagam: a bondade. Fomos criados pelo Divino Criador para sermos bons. Seria mero acaso ser sua imagem e semelhança? Talvez nos perdemos na dança do palco da existência e nos esquecemos dessa fagulha sob as cinzas, e o vento do tempo a vai borrando e não enxergamos o bem e, muitas vezes, o caminho da maldade. Quem pratica o mal esqueceu a luz de sua consciência, gerada não só pelo vento do tempo, que dá a consciência do mundo, mas também pelo vento do Espírito, que nos dá a Consciência do Bem.

E assim, dançantes, vamos bailando regidos pelo vento do tempo, que nos vai dar a percepção da realidade, de nos enxergarmos no palco da existência e a cantar a linda sinfonia inspirada pelo sopro do Espírito que nos faz ser bons, sábios e desejosos de que nossa fagulha pensante construa um pedaço de história iluminada pela luz que vem do humano, à imagem e à semelhança do divino.

E assim seremos melhores...

Para meditar:

– **Leitura**: Lc 6,17-36; Gl 5,22-23; Cl 3,12-17.

MANTER O EQUILÍBRIO

Diante das tempestades, das encruzilhadas, da falta de opção ou das múltiplas escolhas da vida, da noite escura, do túnel sem luz, do pisar sem o chão, do momento em que o desespero parece ser a única opção...

Diante da dramática tarefa de tomar a melhor decisão, o que fazer?

Deixar-se ser assumido pela lógica do desespero? Buscar os bodes expiatórios e gritar contra todos culpando-os pelo ocorrido? Esse pode ser um caminho... Não será esse o momento de parar, respirar, silenciar-se e esperar a noite de nossas confusões clarear? Querer caminhar na noite pode nos levar ao precipício...

Manter o equilíbrio! É ele que nos dará a possibilidade da melhor resposta dentro das opções que teremos. Ela pode não ser a melhor, mas é a que podemos dar naquele momento de nossa história.

O equilíbrio nos faz respirar com os pulmões do Espírito para iluminar nosso espírito a fim de que tenhamos a coragem de dar a resposta sábia, mesmo que nos custe a dor.

Manter o equilíbrio diante do caos nos permite situar onde estamos, tomar a história nas mãos e mirar o horizonte. E o desejo do horizonte faz construir o novo caminho para nos reconstruir.

O equilíbrio combate o desespero que não suporta a espera e faz tomar decisões no calor dos fatos sem considerar o mínimo das consequências. Decisões no calor dos fatos são como brasas, sempre prontas a incendiar...

Talvez nos custe essa virtude...

Mas será que pensamos que fomos constituídos equilibristas caminhando nas cordas da vida? Se assim não o fôssemos, nossa existência seria apenas cair em um abismo de neuroses. E como equilibristas, vamos dando micro passos e nos sustentando para chegar até o outro lado.

Ser equilibrista exige certa dose de humor para rir dos acidentes das próprias quedas, aprender sempre a partir das cordas da vida de onde se anda e dos ventos que a balançam; acreditar em si e ter a fé de que, apesar dos ventos, é possível chegar ao destino, equilibrado.

Manter o equilíbrio! Não é coisa do mundo dos anjos ou do divino. É humano! É de um humano que se robustece de uma experiência com o divino, que dá asas à mística para manter o equilíbrio e caminhar nas cordas da vida.

Manter o equilíbrio caminhando sobre as cordas da vida tecidas com fé, esperança e amor, com pequenos passos da sabedoria, da humildade, da simplicidade e da serenidade para atravessar os abismos da existência, mesmo quando tudo pareça o caos.

Somos equilibristas no palco da vida, que Deus nos deu. Nele, somos uma história entre tantas, que se equilibra apenas pelo sopro do Espírito...

Para meditar:

– Pr 3,21-24.

– Pr 4,10-27.

O CONCERTO DA VIDA

Na sinfonia da vida, somos melodias tocadas pela flauta do Espírito.

E, em cada ser vivente, uma nota musical que compõe a sinfonia universal regida por um único maestro.

Na partitura invisível do Universo, ele dá o tom de cada melodia dentro do coração humano.

E nós, como seres únicos, imanentes-transcendentes, com saudade do mistério, ressoamos nossa própria nota musical.

Somos uma sinfonia composta do dissonante que compõe o uníssono a causar inveja em anjos.

Somos música ao vento e ao alento que no relento acalenta.

Na calmaria das coisas,

na mutação de cada ser,

no turbilhão de sentimentos que somos.

Somos uma nota dessa sinfonia musical, que, ao longo da vida, transforma-se em uma canção,

a canção de nossa vida!

Somos seres que cantam e encantam na árdua travessia da vida.

Somos poetas, músicos que passam a vida encontrando nossa tonalidade na partitura da existência, fazendo nossos próprios acordes.

Vivemos entre concertos e desconsertos, entre concertos e consertos...

É entre concertos e consertos que nasce a canção do Espírito, a conversão.

Com essa canção, o ser humano novo, com novas notas, com nova musicalidade.

No concerto do Espírito somos notas, tom, melodias, canção, sinfonia com tamanha beleza e mistério que nos desconcerta.

E é esse desconcertar que nos conserta...

Tira-nos da visão sombria das coisas,

Dá-nos musicalidade no sorriso

para consertar o desconcertado que nos deixa sem harmonia, fora de nosso tom, fora de nós mesmos.

No concerto da vida somos quem somos, compositores de uma canção,

que a cada dia ganha nova nota com sua unicidade e transcendência.

Cantamos fragmentos do que somos!

Poetizamos o que imaginamos e contemplamos.

E assim, concluída nossa música, realizaremos nosso grande concerto, diante do grande maestro, em uma grande sinfonia universal, com a música da eternidade construída ao longo de nossos dias em nossos concertos, desconcertos, desacertos e consertos.

Essa é a música de nossa vida tocada pela flauta do Espírito na beleza da alma de cada ser que compõe a partitura do Universo, com sons de eternidade.

Para meditar:

- Você já descobriu a musicalidade de sua própria vida?
- O que necessita fazer para que sua existência seja cheia de alegria e entusiasmo na dança da vida?

O QUE SOMOS?

Na imensidão do Universo, somos apenas uma centelha de vida constituída de mistérios.

Do mistério de nossa própria origem.

De compreender quem somos no cosmos.

De se fazer pessoa cada dia.

De não perdermos em nós mesmos, na tentativa de decifrar o mistério do outro para habitar seu mundo.

De compreender que, além do mistério de nossa humanidade imanente, existe um transcendente desconhecido que habita em nós.

O que somos?

Somos a pergunta do mistério e a resposta da revelação.

Somos revelação nascida do mistério.

Somos mistério revelado que se apresenta ao mundo e se desvela em camadas que se manifestam na contingência e na temporalidade e nos constituem fonte inesgotável de mistério.

Somos o mistério narrado no livro do Verbo nas linhas das folhas da vida escritas com as tintas do suor e do sangue produzidas gota a gota nas labutas da existência.

Somos um rosto.

Somos carne e sangue.

Somos prazer e dor.

Tentação e redenção.

Um microcosmo dentro do Universo.

Uma célula viva que compõe o tecido do coração do Divino Criador.

Somos palavra, metáfora agônica na tentativa de compreender o mistério que somos.

Somos tragédia, comédia, romance, drama, epopeia em um mesmo ato que se desdobra no proscênio da vida.

Somos o que somos…

Metamorfose.

Beleza única,

irrepetível no encantador mistério de nós mesmos, indecifrável diante de nós mesmos.

O que somos?

Somos a silhueta do divino, que toca nossas obras.

A ampulheta do tempo que revela em si o mistério da finitude.

Microventres fecundados pela esperança para fazer nascer as páginas da história no livro da vida.

Somos quem somos... sem mesmo saber ao certo quem somos.

Somos o mistério da pergunta e a revelação da resposta contida no livro de nossa corporeidade em capítulos escritos com a inspiração de nossa alma, com as tintas de suor e de sangue.

Somos o que somos.

Uma metáfora ao vento

No mistério da existência a ser interpretada...

Para meditar:

– Quem sou eu?

– Quais são suas respostas diante de tal pergunta?

O SER QUE SOMOS

O que somos na imensidão deste Universo?

Apenas fagulhas pensantes que cintilam na beleza do Infinito.

Tão pequenos e tão grandes somos nós, apenas poeira cósmica que se faz campo fértil para transformar o mundo.

Somos ar, sopro do Espírito, que dinamiza e faz novas todas as coisas; somos vendaval que pode fazer vir abaixo o que nós próprios construímos. Somos brisa de profunda ternura que abraça o corpo de quem amamos, dando-lhe serenidade, aconchego. Somos ar, vida que pulsa na sinfonia sincrônica e dançante do Existente.

Somos água, profundeza do mar de mistério que habita em nós. Água que purifica, sacia a sede, refresca, sufoca e afoga. Água que serpeia pelos desafios da vida e vai em seu curso fazendo florescer jardins ao longo dos caminhos de pedra e no decorrer dos dias caminha para desaguar no Mar do Eterno.

Somos fogo que aquece, ilumina, purifica e transforma. Somos amor, paixão, desejo que move a vida e a faz reluzente. Somos fogo que tudo incendeia, queima e faz transformar tudo em cinzas. Somos labaredas dançantes que lutam contra os ventos que nos querem apagar. E nos momentos mais cruciais, permanecemos como brasas sob cinzas, guardando a chama para continuar a aquecer, iluminar e brilhar. Somos energia que move e contagia o entorno para que, de algum modo, seja diferente.

Somos terra, matéria-prima plasmada pelo divino Criador para nos modelar e nos fazer vir a ser. Ele nos fez de terra e água e, em nossas narinas, inflou o ar e o fogo, e o que era apenas uma escultura modelada com as pontas do dedo do Artesão ganhou vida, beleza e movimento.

Somos terra fértil de onde se brotam flores para embelezar a vida e alimento para nutrir a fome de quem necessita. Somos matéria preciosa na arquitetura do Universo que a cada tempo o Criador transforma, faz-nos tornar ao pó, para nos criar eternos. Assim, nossos traços de poeira cósmica deixam nossas pegadas nesta terra, a marcar nossa própria história registrada no Livro da Vida.

E na materialidade do Cosmos, somos sem saber o que ou quem de fato somos, pois no ciclo da existência nos encontramos com o profundo mistério de nós mesmos.

Somos o que desejamos e o que negamos,
O indefinível,
Fagulhas fraturadas,
Perguntas sem respostas,
Temporalidade e eternidade,
Fragilidade e ternura,
Poeira cósmica soprada pelo Espírito na vastidão do Desconhecido, em que um dia a nós mesmos nos conheceremos...

Para meditar:

- Quem sou eu? Conte para você mesmo sua história pessoal. Depois de fazê-lo, medite-a.[1]
- Sl 138 (139): "Vós me sondais e me conheceis, Javé"

[1] **Sugiro para meditação:** GOMES, Rogério. Em busca de um caminho interior. Os diversos modos de se encontrar com Deus e consigo mesmo. Aparecida: Santuário, 2017. [Leitura do capítulo I: tornar-se peregrino de si mesmo].

METÁFORA DO QUE SOMOS

Somos a microscópica metáfora de um mistério contido na complexa matemática do Universo.

No mistério dessa metáfora nos realizamos como sentido. E, no sentido, captamos as pequenas metáforas do mistério das coisas. Na metáfora do mistério, somos o eco que ressoa o Universo, que está para além de nossa imaginação.

Não somos seres para além de nosso próprio mistério. Apenas não conseguimos interpretar todas as metáforas que somos e compomos ao longo de nossa existência. Somente ressoamos pequenos ecos do que auscultamos de nós mesmos, ao longo de nossos dias. Somos metáforas de finitudes cada dia que ecoam para a eternidade.

Somos um composto de metáforas na indefinitividade de mistério que faz materializar nosso ser.

Somos vida.

Somos amor.

Somos contradição.

Somos consciência, inconsciência e inconsistência.

Somos beleza.

Somos paz.

Somos guerra.

Somos imanência e transcendência.

Somos seres em construção em contínua metamorfose.

Somos aquilo que conseguimos ser.

Somos um corpo andante que dá e recebe sentido.

Somos um corpo andante que exala metáforas de sua alma.

Somos morte.

Somos eternidade...

Na metáfora do mistério somos busca...

Somos mais perguntas do que respostas.

E somos respostas inacabadas, pois metáforas não possuem solução definitiva.

Sempre deixam uma fresta de mistério...

E, pela fresta, podemos olhar para dentro de nós mesmos e ver o universo que somos.

Somos metáforas que ecoam um grande poema no Universo.

E o poema que ecoamos nasce da leitura do Livro da Vida manuscrito pelo Divino Criador, composto do alfabeto de cada existência, definido pelas metáforas de cada mistério humano, tecido com as rimas da sabedoria divina, concluído com o mistério sem-fim da eternidade, onde conheceremos realmente o que somos, metáforas da beleza divina.

Para meditar:

– Que elementos do texto tocam sua vida?

– Por quê?

SOMOS ORIGINAIS

Mais um dia de nossa existência!

No alfa e ômega existencial um dia a mais ou a menos, na complexa matemática do viver.

Despertamos...

Fazemos as mesmas coisas que não são as mesmas de ontem nem serão as de amanhã. Talvez nos falte a consciência de que cada hoje é sempre uma novidade irrepetível.

E o irrepetível somos nós, que não temos cópia e não podemos copiar ninguém, pois somos frutos da originalidade inscrita na Origem das Origens.

Somos mistério descobrindo o próprio mistério de nossa origem em cada despertar, mesmo sem a total consciência do que somos.

Ao sermos originais, resta-nos existir uma única vez e, por sermos tão originais, não nos contentamos de morrer com nossa originalidade. Vamos deixando nossas impressões em tudo que fazemos seja o bem quanto o mal. Nossa originalidade nos faz ser e comunicar as fagulhas de nosso ser no Universo.

Faz-nos existir e resistir,
amar e lutar,
sonhar e buscar,
crer e esperar,
saber quando chegou nossa hora e nos despedir do mundo, com a originalidade do sorriso.

Avançamos o dia sem nos dar conta que passou...

Findamos escutando as vozes do cansaço a nos recordar que somos humanos, que não podemos tudo e tudo que fazemos sempre permanece de alguma forma inacabado.

O inacabado nos recorda que somos originais...

E, assim, podemos pensar o diferente amanhã; mesmo quando ele não existir, continuamos sendo originais, sem culpa, sem pecado original.

E na aparente repetibilidade finda-se no horizonte o sol, cumprindo a matemática do Universo, para brilhar em outras paragens, onde nosso olhar não pode penetrar.

E, aos poucos, vamos nos recolhendo, preparando-nos para as surpresas do devir sem perder nossa originalidade que, compartilhada, sempre faz o mundo ser original, mesmo maculado de pecado original.

E, como lampejos das estrelas, vamos brilhando e apagando, fazendo o céu dançar até despedir-nos do ciclo do tempo quando encontraremos, na eternidade, a Origem de nossa originalidade que o tempo guardará em sua memória para sempre...

Para meditar:

- Que aspectos de sua vida o constituem uma pessoa original?
- Como você faz de seu hoje uma novidade irrepetível?
- Como pode contribuir com sua originalidade para construir um mundo melhor?

IRREPETIBILIDADE

No ciclo dos dias e de nossa rotina, cultivamos a ideia de que tudo se repete. Tudo se repete pelo contar do tempo: as horas, os dias, as semanas, os anos... o deus *Kronos* nos reafirma essa ideia que vai sendo gestada por nossos hábitos.

Repetimos por costumes, por falta de criatividade, por segurança, ao trilharmos os caminhos de sempre. Caímos no labirinto de repetir sempre a mesma coisa e nos queixamos de que a vida é monótona. Aprendemos ao largo de nossa história a repetir... E repetimos tanto que se torna um ato inconsciente, mecânico e vamos avançando as horas para cumprir nossos sagrados deveres cotidianos.

Esquecemo-nos de que em cada repetição existe a irrepetibilidade. Nada se repete! Já dizia o velho filósofo Heráclito de Éfeso que "ninguém se banha duas vezes na água do mesmo rio".

Nada se repete, a começar por nós mesmos, seres tão diferentes e tão iguais, com a própria identidade, com sua inteligência. Fomos criados para sermos irrepetíveis na repetibilidade do cotidiano, fazendo-o irrepetível. É ele que não nos deixa enlouquecer por causa da agressividade de *Kronos*, que vai debilitando, aos poucos, imperdoavelmente, nossas forças com o passar dos tempos e nos confrontando com nossa própria finitude. Na repetibilidade o irrepetível se gesta... pois já não somos os mesmos de alguns segundos atrás.

A rotina de ontem pode ser a mesma de hoje, podemos repetir a mesma ação, mas dentro dela há sempre algo que a constituirá nova e diferente do ontem... nossos pensamentos, nossos sentimentos, nossas intenções, nossas dores. Até mesmo o aparente relógio que pacientemente marca as horas traz a irrepetibilidade ao desgastar-se com o próprio tempo...

A irrepetibilidade é o *Kairós* do Espírito presente no mundo, ainda que aparente ser sempre o mesmo. E assim, na mesmice das coisas, vamos nos fazendo pessoas em nossa unicidade a lutar contra o espírito do tempo que nos deseja uniformes, naquele apego de sermos sempre os mesmos, a repetir as mesmas coisas para permanecermos tranquilos diante de nós mesmos.

A irrepetibilidade não nos deixa morrer!

Resgata nossos sonhos quando estão empoeirados nos porões de nossa existência.

Faz-nos acreditar na possibilidade do amanhã diferente, que, com toda a sua rotina, é sempre irrepetível.

E nos faz refletir sobre nossa própria irrepetibilidade...

Para meditar:

– Você já pensou sobre sua própria irrepetibilidade?

MEMÓRIAS DE REDENÇÃO

Carregamos em nosso corpo memórias de redenção. Elas nos compõem desde a eternidade e nutrem nosso ser no hoje de nossa história. São elas que nos permitem redimir, pois atualizam em nossa carne o amor de Alguém, que nos pensou antes de existirmos. Quem não tem memórias de redenção não se redime e não o faz com aqueles que estão a seu redor. Sem memórias de redenção, não há perdão.

As memórias de redenção são peregrinas, pois nos fazem percorrer as trilhas pedregosas e íngremes das montanhas da história para encontrar quem se esqueceu de si mesmo e não mais acredita no amor. E, ali, fazem-se curativas para cicatrizar as feridas do abandono e resgatar o crer no amor, que cura e renova.

As memórias de redenção são um tesouro que o tempo não corrói. Estão guardadas em nossos porões existenciais, mesmo quando estão cobertas pelo pó do esquecimento. Mas basta o vento da lembrança para poli-las, e elas reluzem como diamantes dentro do receptáculo do coração.

As memórias de redenção não envelhecem. São eternas, existiram antes de nós, nós a experimentamos em nosso próprio corpo e elas continuam para além de nós mesmos, levando-nos para a eternidade, onde encontraremos a origem da Redenção. E, ali, compreenderemos o mistério de uma história redimida.

As memórias de redenção nos tomam pela mão, quando estamos caídos à beira da estrada sem face e com o corpo mutilado, porque perdemos a esperança em tudo em que acreditávamos. Elas nos levantam, curam-nos e nos fazem recordar de que somos possibilidades, sempre vir a ser, sempre surpresa, sempre reconstrução (cf. Lc 10,25-37).

As memórias de nossas redenções são pascais. Trazem em si nossas libertações, nossas cruzes e nossas ressurreições cotidianas e o mistério de nossa fé. Não são memórias de túmulos vazios existentes em nossos porões existenciais, mas de sonhos que nos carregam para fora de nós mesmos, fazendo-nos redentores, curando seres humanos de suas dores e de seus desamores.

Para meditar:

- Quais são as memórias de redenção que traz presente em sua vida?
- De que realidades necessita se redimir?
- Você já redimiu alguém? Por que é tão difícil redimir as pessoas?
- Ler e rezar: Jo 8,1-11; Lc 7,47-48; Cl 1,13-14; Ef 1,7-8.13-14; 1 Pd 1,18-20; Sl 130, 7.

RESSURREIÇÃO

Desde a eternidade, somos contados no livro da vida. Nosso nome, desenhado pelas mãos Daquele que, antes de nossos pais, concebeu-nos...

Nosso nome no livro da vida é uma obra de arte,
Um mosaico a ser construído,
Um poema a ser interpretado,
Uma metáfora a ser desvelada,
Uma força, uma história, para fazer e continuar a história.

E assim, surgimos no mundo, vamos nos construindo como pessoas, como seres portadores de transcendência, como mistério e saudade, até chegar à ponta de nosso alfa e ômega existenciais, quando, em nossa morte, saberemos tudo de nós mesmos...

Nesse itinerário, sem volta, o destino final todos sabemos, na profunda incerteza de como chegaremos. Fazemos um pacto de silêncio conosco para não afrontarmos o sublime processo de nulidade de nosso ser físico, momento de total abandono de nós mesmos e da profunda adesão ao ato de fé.

A ressurreição é dolorosa como a terrível dor do parto, mas porta consigo a alegria da vida nova.

Acreditamos na ressurreição como conclusão de um processo pós-morte, porém a ressurreição é formada pelas microfagulhas de vida, que nos compõe a cada segundo e nos leva a uma explosão de beleza como o pôr do sol no horizonte.

O caminho que percorremos é só de ida... não retorna. Essa cruel dureza não nos permite escolhas.

Talvez, em vez de morrermos, deveríamos chegar a um determinado momento da vida e começar de novo, percorrendo o já percorrido.

De nossa velhice, ir voltando a cada momento, recordando nossas memórias do passado até voltarmos ao balbuciado das primeiras palavras,

a quando vimos a luz pela primeira vez,

a quando vimos o primeiro sorriso,

a quando amamos pela primeira vez,

até chegarmos ao momento no qual fomos gerados, ao pensamento do Eterno, que nos concebeu.

Certamente, não seriam fáceis as memórias do caminho... mas seriam a possibilidade dada de refazê-lo, de fazer diferente, de reencontrar quem amamos, de perdoar a quem nos machucou...

E assim, ressurgiríamos de outro modo, com duas existências, até desaparecermos novamente em Deus e nele habitar.

Nessa vocação humana de ser caminhante (*homo viator*), levamos conosco as bagagens de memórias para chegar à casa da ressurreição, destino final, com uma ou duas existências...

Na casa da ressurreição, nossas memórias serão relembradas e redimidas.

Serão nosso presente mais sublime ao Divino Criador.

Para meditar:

– Que experiências de ressurreição você já provou em sua vida?

AMOR E MÍSTICA

O amor é a mística da alma que se desnuda adiante da experiência profundamente humana e transcendental. O amor nos humaniza, e a mística nos diviniza, sem deixarmos de sermos humanos. Essas duas forças abraçam todo nosso ser e nos fazem ser melhores.

Não há amor sem mística e mística sem amor, pois amor é mistério e mística, a experiência do mistério que nos transcende. O amor é a perplexidade acolhedora do outro, a mística, o encontro fascinante com o divino pelo humano que faz extasiar.

Amor e mística são encontros que nos fazem sair de nós mesmos rumo a um desconhecido mistério de um outro, humano e divino, que, aos poucos, se revela como pequenas gotas de chuva e nos vai tornando íntimos. E intimidade é entrar e deixar-se entrar na alma de alguém...

Somos seres que se extasiam diante do outro,
quando amamos, e diante do divino;
ao buscá-lo com todo o nosso coração,
descobrirmos tamanha bondade e beleza.
E a bondade e a beleza
são seduções divinas a nossa alma
para amá-lo cada vez mais.

Assim, na poesia do mistério da vida, amor e mística são asas que nos foram presenteadas por Deus para vivermos como ele nos pensou. Há quem chega às alturas como as águias e aqueles que nunca ousaram voar, pois o amor e a mística exigem romper os próprios medos, saltar, mesmo com os riscos das quedas, ousar voar e olhar o mundo com outros olhos. Amor e mística requerem aprender cada dia.

Vocacionados ao amor e à mística, somos peregrinos nas descobertas do humano e do divino neste mundo com suas tragédias e comédias. Mas, se perdermos o amor e a mística, o que somos? Apenas ídolos vazios de nós mesmos, pobres de imanência e de transcendência, viventes sem horizonte de sentido.

O amor e a mística nos fazem ternos e eternos. São asas de nossa fé...

Para meditar:

– Como você experimenta o amor e a mística em sua vida?

NÃO DESANIMAR

Percorremos nossos dias com seus acontecimentos e seus sentidos. Às vezes, passamos por eles e não encontramos um sentido. Esquecemo-nos de que dentro do sem sentido é possível encontrar algo que nos faça ir além, pois, na história do Universo, tudo tem um significado e nos faz sentir, mesmo quando não percebemos.

Talvez, nessa teia universal traçada por fios individuais, coloridos, que somos nós, conectados com cada ser criado, vamos perdendo o encantamento de nós mesmos e nos desconectando de nossa própria beleza, de nossos sentidos, do mistério das coisas e vamos nos desanimando.

Desanimar é perder a capacidade de ser animado e de animar. É desencarnar-se da própria alma do sentido das coisas, que nos fazem continuar nossa epopeia existencial cotidiana. É não permitir a alma de sonhar com novos horizontes e permanecer enjaulada no próprio desejo de desistir.

Animar é colocar alma, força vital, renovadora, dinâmica, provocativa e criadora. Quem anima tudo transforma, porque é capaz de colocar alma onde não há mais sentido. Animar é a capacidade que temos de externalizar nossa própria alma vivificada pelo sopro do Espírito, que nos faz encontrar o sentido no mistério da existência.

Quem nunca desanimou diante da rotina dos dias, daquela roda que nos faz entediar e pensar que estamos fazendo as mesmas coisas e o que fazendo não tem muito sentido? Desanimar faz parte de nossa humanidade, no entanto não é nossa essência. Mesmo desanimados, somos animados... Ao contrário, seríamos mortos-vivos caminhando sem nenhum horizonte, sem nenhum sentido.

Assim, na beleza do Universo, há o Animador e dele provém a *Anima,* a capacidade de animar, a Alma. Somos frutos de uma sinfonia animada de extrema beleza, que nos criou e nos fez sair da letargia do desânimo e dar os primeiros passos no dar sentido para as coisas.

Desanimar diante dos fracassos da vida é entregar a própria alma a eles.

Desanimar diante do que parece sem sentido é perder a capacidade de ressignificar.

Desanimar adiante da falta de resposta é esquecer a alma da sabedoria, que está na profundidade de nosso ser.

Desanimar diante da falta da fé é perder a oportunidade de compreender o mistério divino existente em nossa transcendência.

Desanimar de nós mesmos é perder a própria face do encantamento que somos no espelho da existência, composta de fios coloridos, junto à imensa teia do Universo.

Não desanimar...

Dentro de nós existe a centelha, fogo divino, sob cinzas, removidas pelo sopro do Espírito para nos animar a continuarmos a escrever a história da vida e fazê-la movimento, com as pequenas rodas do cotidiano com seus mistérios, suas surpresas e suas belezas.

Não desanimar!

Mesmo quando tudo parecer perdido e desanimado...

Para meditar:

- Você conhece alguém que perdeu o sentido da vida? Como ajudar tais pessoas?
- De que forma curar o desânimo que abate nossa vida tantas vezes?
- O que dá sentido a sua vida?

NÃO DESISTIR DE NÓS MESMOS

Há momentos da vida em que não conseguimos enxergar o horizonte. Visualizamos apenas uma grande montanha diante de nós. Como se não bastasse, além da montanha, a escuridão. Nenhuma luz, só desolação, literalmente os pés sem o chão. Em frente à muralha de pedra das montanhas da vida e da falta de visão, o desejo de desistir de nós mesmos...

Entre o desistir, há o resistir e o reexistir, com suas novas lições, para enfrentarmos as estradas pedregosas, que nos ferem os pés, e escalarmos as montanhas intransponíveis, que nos deixam sem caminho.

Resistir às dores dos pés feridos pelos tropeções da vida ou pelas pedras da própria estrada, que nos machucam, provam-nos a força.

Resistir à intransponibilidade da montanha prova-nos a fé, a coragem e a esperança.

Resistir com fé dá-nos esperança de ver o horizonte. E ver o horizonte nos faz reexistir, consola-nos, põe o chão sob nossos próprios pés...

Reexistir é curar os pés da alma das dores existenciais que vão, ao longo da vida, sufocando nosso coração e nos tirando a vitalidade para avançarmos no caminho e transpormos as montanhas de nossa história.

É nos assumirmos como seres caminhantes que se inventam a cada dia e, mesmo diante do mundo caótico, surpreendermo-nos com atitudes de tamanha beleza.

É nos reinventarmos todos os dias do amanhecer ao pôr do sol com a memória profundamente agradecida à Suprema Beleza, que nos criou e nos fez capazes de subir as montanhas e construir nelas estradas que serpeiam os vales de lágrimas para descortinarmos a beleza estonteante do horizonte de nós mesmos.

É não desistirmos de nós mesmos, resistindo às vozes de nossa interioridade e do mundo que nos fragmentam e nos querem frágeis, agonizantes, ao ponto de sucumbirmos à beira do caminho.

Resistir.
Insistir.
Reexistir.
Não desistir de nós mesmos,
Mesmos com nossos nós...

Para meditar:

– De onde retira forças para superar os obstáculos da vida?

SER FRAGMENTADO

Senhor,

Encontro-me em fragmentos e não consigo me reconstruir. Sinto-me apenas poeira ao vento, escapando-me de mim mesmo, com esperança de encontrar o fio de minha própria trama.

Dentro de mim, encontram-se os fragmentos da decepção e da indiferença que machucam e me fazem não acreditar em palavras ao vento e nas promessas.

Há promessas que, com o tempo, tornam-se esquecidas, porque são vazias de amor e de sentido e desconsideram o crer de quem nelas acreditaram. São tão fugazes quanto o vento por quem as fez e as quebrou, mas tão cortantes como a navalha para quem acreditou e restou com os fragmentos.

Mas o fragmento não é o nada... É a possibilidade de se reconstruir, de não perder a esperança na promessa e de não se mergulhar no sem sentido. É a possibilidade de não mais acreditar em palavras ao vento, vazias de sentido, pronunciadas apenas no calor de um interesse.

A fragmentação provoca-nos dor existencial, e a decepção entristece a alma. E, com alma triste e com o ser fragmentado, os dias são sempre cinzentos, sem a alegria do nascer e a nostalgia do pôr do sol. Mas entre nasceres e pores de sol, em dias nublados, o tempo vai curando com sua paciência e seu bálsamo. E curado, é possível ir em busca dos fragmentos perdidos na memória do vento...

Se o fragmento não é o nada, é possível começar de novo, perfazendo o caminho do próprio ser e, em cada esconderijo de seu próprio mistério, encontrar uma partícula do ser que o vento levou.

Mas perfazer o caminho do vento, que soprou e espalhou os fragmentos do ser, é ato de persistência, pois consiste em buscar as pegadas do vento nas memórias do próprio caminho. E, nas memórias do caminho, relembrar da cor do fragmento e da textura de cada parte do ser. E, na cor do fragmento e da textura de cada parte do ser, está a fidelidade à promessa, aquela fiel ao próprio ser, que jamais é quebrada, mesmo quando o ser se fragmenta.

Senhor,

Encontro meus fragmentos e me reconstruo, porque dentro de mim há uma promessa cheia de amor e de sentido, mesmo quando se perde nas memórias do vento...

Para meditar:

– Após ler o texto, medite-o e pense nas situações de sua vida que necessitam ser curadas, reconstruídas para que ela seja uma linda obra de arte.

RECOMEÇAR

Na complexa engrenagem do tempo, somos veleiros navegando pela imensidão do Universo. Somos apenas um fragmento na absurdidade do conhecido desconhecido, a responder por um pequeno ciclo de começos e recomeços.

Na engrenagem do tempo sempre recomeçamos...

Na sucessão de matemáticas complexas o dividimos em imperceptíveis milésimos de milésimos a progressão de dias e noites, semanas, meses e anos, perceptíveis a olho nu.

E, no tempo do tempo, vamos percebendo que ele passa ao olharmos no espelho da própria existência e diante de tal mágico espelho, no engenho do tempo, enxergamos quem somos com começos e recomeços.

Entre começos e recomeços progredimos no tempo, sem volta. Na engrenagem do tempo não existe marcha à ré. Não podemos voltar atrás... por isso fomos agraciados pelo Divino Criador com um recurso que nos possibilita voltar ao tempo, mesmo sem estar nele, a memória. E, pela memória, na progressão do tempo, que não volta atrás, a permissão de voltarmos e vivenciarmos o vivido. Assim, com a memória, podemos enganar *Kronos*, o deus atroz que não permite voltas, recomeços. A memória formada de passado, presente e futuro é presente de *Kairós* para sempre nos permitir recomeçar. Na luta de *Kronos* e *Kairós*, baila a memória com seus saltos e suas coreografias a marcar os tempos no grande teatro da vida.

Recomeçar...

Ninguém recomeça do nada...

Somente ao Divino Criador foi dada essa possibilidade única.

E a nós, seres humanos, a graça de recomeçar sempre de um começo, ofertado a nós pelo divino.

Assim, todo recomeço tem algo de divino, de criativo, pois, quando recomeçamos, sempre criamos algo novo na sucessão do tempo, que transforma em memória, como proteção contra o desgaste do próprio tempo.

Recomeçar...

Revisitar o baú de memórias guardadas ao longo do tempo. E, em um outro tempo, melhorá-las, corrigi-las, tirando pós de tesouro de inestimável valor para a vida.

Recomeçar para existir no tempo,

Levando nas trilhas da história nossas bagagens de memória, como peregrinos de Kairós, domesticando Kronos pelas lembranças do passado, pela possibilidade de um presente e pela criatividade de pensar o futuro e ver o horizonte que se descortina na imensidade das trilhas para sempre recomeçar...

Para meditar:

- Faça uma volta ao tempo e vá ao baú de suas memórias e recorde-as.
- Que sentimentos afloraram ao recordá-las?
- Faça uma prece agradecendo ao Senhor sempre recomeçar uma nova história cada dia.

PERSISTÊNCIA

Há persistência e persistências...

Aquela que busca o bem e persevera em busca da felicidade ou da insistência de permanecer no caminho do mal.

O caminho do bem, estreito, pedregoso, por entre pedras e desertos, é oásis, é realização da beleza humana, faz-nos divinos.

O caminho do mal leva-nos ao pesadelo. É um caminho de aparente beleza, de abandonar-nos na insistência da desistência do bem, de trair a própria essência, ser bom.

Se persistíssemos no mal, o mundo seria o reino da tristeza e morreríamos por inanição de beleza e de alegria, afogados em rios de lágrimas. Resta-nos, assim, na profunda essência do ser humano, perseverarmos no bem, único destino.

Persistir é arte de não desistir dos sonhos.

Somos vocacionados à persistência eterna que nem mesmo a morte nos foi capaz de tolhê-la.

No reino dos mortos não há a persistência,
apenas o silêncio sepulcral da não existência.

A persistência sobre a morte é a ressurreição.

Quem não persiste não resiste ao nascer e ao pôr do sol do cotidiano da vida.

A persistência é aquela vontade que existe no mistério de nosso ser de viver mais um dia e nos faz caminhar até nosso destino final, mesmo quando somos apenas dúvidas...

É o céu estrelado em nossas noites escuras, quando não enxergamos o caminho.

É impulso que nos faz ir além, quando nos falta a fé.

E o que é a fé senão a persistência transcendental, "o firme fundamento das coisas que se esperam e a prova das coisas que se não veem" (Hb 11,1)?

Em que queremos persistir? Naquilo que é bom ou naquilo que nos desvia de nossa essência?

Porque já sabemos que no reino dos mortos não há a persistência, apenas o silêncio sepulcral da não existência.

E, no reino da vida, podemos escolher aquilo que nos constrói.

Podemos persistir no amor, na fé, nos sonhos de olhos acordados que nos fazem voar ao infinito.

Em sermos bons para melhorar a parte que nos cabe desse Universo e que somos responsáveis por ele.

Em humanizarmos para nos aproximar mais da essência divina, talvez empoeirada em nossos baús existenciais.

Persistirmos, sendo fagulhas persistentes de ressurreição, sobre as mortes cotidianas que fazem aniquilar o humano.

Para nunca deixarmos de sonhar...

Para meditar:

- "A persistência é aquela vontade que existe no mistério de nosso ser de viver mais um dia e nos faz caminhar até nosso destino final, mesmo quando somos apenas dúvidas..."

- Reze agradecendo a Deus sua capacidade de persistir e peça-lhe a graça da perseverança, sobretudo nos momentos difíceis da vida.

PÔR DO SOL

O dia termina com seu pôr do sol e sua nostalgia.

O sol que se pôs nunca mais será o mesmo. E quem o viu não o verá com as mesmas cores e a mesma intensidade, com o mesmo olhar, com o mesmo horizonte, mesmo estando no mesmo ponto, no mesmo horário. Tudo muda!

Somos pores do sol contínuos com diversos horizontes. Alguns que apontam para o infinito, outros cerceados pelas montanhas e colinas ou por nossa falta de visão. Somos beleza, somos nostalgia, horizontes que se abrem para o transcendente, mistério desconhecido de nós mesmos.

Somos pores do sol que esperam o sol do amanhã, sempre novo, mesmo que não possa brilhar com a densidade das nuvens. Mas, em seu silêncio, percorre seu ciclo e se põe serenamente, mesmo que ninguém o veja. E em sua simplicidade, sem reclamar, porque alguém não viu sua profunda beleza.

Somos pores do sol compostos de poesia, de silêncio, com rimas eloquentes que nos fazem musicais na imensa sinfonia do Universo que faz ecoar sempre um canto novo.

Somos explosão de possibilidades inimagináveis de salvar o mundo pelo calor da bondade, que pode emanar de nosso brilho. E, quando nos esquecemos disso, no horizonte resta apenas a escuridão que faz mal à própria humanidade.

Somos pores do sol por sermos sempre recomeço e não fim, pois, assim como o sol com suas auroras e manhãs e seus poentes, sempre recomeçamos. Talvez seja esta nossa sina: recomeçar como pores do sol no horizonte... E de tanto recomeçarmos, tornamos eternos. E na eternidade nos terminaremos, com toda a nossa singular integralidade, ao colocarmos a última pedra dourada em nosso mosaico que esplenderá como um pôr do sol o rosto divino.

E assim, enamorados de nós mesmos, acompanharemos com romantismo existencial nosso ciclo, com olhar místico e sapiencial, de quem se constrói no tempo e enxerga em si mesmo sempre um novo pôr do sol.

Para meditar:

– Faça um exercício de contemplação da beleza do pôr do sol e se veja nele. O que ele lhe diz sobre sua vida?

QUANDO TUDO ESTÁ ESCURO...

Quando tudo se encontra escuro dentro de nós, não vemos nossa própria alma e nenhuma luz em nossos porões existenciais.

Vemos apenas uma face ofuscada em um espelho embaçado com a fumaça de nosso respiro e uma figura distorcida pela ausência da claridade. Ao não nos vermos no espelho de nós mesmos, a angústia toma conta de nosso ser.

Nesse labirinto angustiante, encontramos nosso interior profundamente inquieto com tantas perguntas e poucas respostas. Há apenas um ser que respira e gira em torno do próprio eixo, buscando encontrar uma fresta de luz para se encontrar no próprio espelho. Nessa terrível espera, a fração de segundos se transforma em eternidade na expectativa de um pouco de luz.

Mas é na profunda escuridão de nós mesmos que podemos contrastar nossa claridade e nossa beleza e fazer vir a ser a luz interior que, muitas vezes, desvalorizamos, em detrimento das luzes exteriores. As luzes exteriores ajudam-nos, mas podem se apagar, podem nos queimar... E, quando elas se vão, permanecemos no escuro, sem direção, sem nossa própria imagem no espelho. A luz interior, que nasce do atrito de nosso mistério extremamente imanente e transcendental, transforma-se em epifania de nosso ser que, mesmo no escuro, é capaz de se enxergar e superar a própria angústia diante da complexidade da vida.

É lá, em nosso interior, em nossa mais densa escuridão e em nossos medos, que gestamos a luz que baila ao vento tempestuoso da tempestade, mas não se apaga. É lá, na profunda ausência de luz, que encontramos a luz do Espírito, que jamais se apaga e nos faz seres iluminados. É a partir dessa luz que nos vemos, claramente, no espelho da vida e enxergamos nossa própria alma.

Quando tudo se encontra escuro e o desespero parece tomar conta, a prudência da espera sapiencial é nossa companhia. É ela que nos toma pela mão para tomarmos consciência da própria escuridão e buscarmos a luz que há dentro de nós. E, assim, a escuridão passa, pois não fomos feitos para as trevas, somos filhos da luz (cf. 1Ts 5,5).

Na ausência de luz não há vida. E, enquanto não perdermos nossa chama interior, superaremos as mortes deste mundo e caminharemos, mesmo em dias escuros, como pássaros que intuem as estações e migram para encontrar abrigo seguro. Enquanto brilhar nossa fagulha interior, seremos luz para nós e para os outros, pois somos filhos da Luz, que brilha desde sempre.

E, mesmo quando tudo está escuro, somos vaga-lumes que cintilam fagulhas de luzes noite adentro para nos livrar da escuridão de nossa alma.

Mesmo quando tudo está escuro, dentro de nós sempre há luz...

Para meditar:

– 1Ts 5,4-5; Jo 12,35-36; Jo 8,12; Mt 5,14; At 26,18; Ef 5,8.

A VIDA E SEUS MISTÉRIOS[2]...

A vida tem seus mistérios e seus meandros...
Nasce do contraste da dor e do sorriso,
termina com o contraste do sorriso e da dor.

E assim, nessa tensão, vamos nos revelando no tempo e, como crianças, tocando as estrelas, tentamos tocar o mistério.

Oh, vida, que nasce do contraste da dor e do sorriso e termina com o contraste do sorriso e da dor... por que és tão breve?

A brevidade do mistério da vida contém o paradoxo da intensidade no qual cada ser, a seu modo, responde a seu "sim". Nos mistérios da alma humana, cada um se constrói, ao longo do tempo, dos pequenos fragmentos soprados pela poeira do sopro do Espírito como grande redemoinho.

No meio do redemoinho provocado pelo Espírito, vamos correndo como crianças que recolhem pequenos grãos de poeira e nos fazendo com o suor da luta de viver intensamente a fugacidade de cada momento como redemoinhos que se formam e desaparecem.

Mas, no mistério da vida, quando o redemoinho se desforma, aparece o ser que construímos das fagulhas que captamos de poeira que surgiram nas estradas da vida e do suor que forma a argila de nossa linda obra de arte. E ali, diante do redemoinho desformado, encontra-se nós, frente a frente, com nós mesmos, espelhados no grande mistério, contemplando o que construímos da imagem gravada em nossas profundezas do divino Criador.

[2] *In memoriam* do Pe. José Uilson Inácio Soares Júnior, C.Ss.R., falecido no dia 18.11.2020.

Oh, vida, que nasce do contraste da dor e do sorriso e termina com o contraste do sorriso e da dor... por que és tão breve quanto o redemoinho e termina tão destroçante como o tufão a ponto de nos fazer fragmentar?

E assim, no silêncio dos fragmentos, o sopro do Espírito vai dando sua forma a nossa obra construída por fragmentos de pó de redemoinhos e destruída pela sutileza do apagar do respiro com tamanha intensidade indefinível.

E no indefinível do mistério está o Espírito que recolhe nossos fragmentos conseguidos com tanto esforço e com tanta inocência. E, da obra aparentemente destruída e sem vida, faz-nos ternos e eternos com o sorriso de crianças a caçar redemoinhos, sem mistério e sem dor...

Para meditar:

– "Oh, vida, que nasce do contraste da dor e do sorriso e termina com o contraste do sorriso e da dor... Por que és tão breve?"

EM UM LUGAR NO HORIZONTE

Em um lugar no horizonte, onde olhar não pode enxergar o sem-fim e seus mistérios.

Por detrás do que se pode ver há outros mundos, outros horizontes vistos por outros olhos.

E em cada olhar uma unicidade, uma forma de vislumbrar um pedaço do Universo com imensa saudade de encontrar o mistério do lugar de onde viemos.

Na geografia do invisível e do existente, somos paisagens que se transformam ao longo do tempo, tocados pelas pontas dos dedos de quem nos criou com tanta delicadeza.

Somos sementes que brotam e crescem no vasto jardim da humanidade.

Somos flores ao vento que encantam com suas cores e seus odores a dureza do mundo, mesmo com nossos espinhos.

Somos rios que, em meio aos apertos das pedras do sofrimento, vão serpeando entre elas para formar pequenos rios de esperança e de contentamento.

Somos desertos cheios de ilusões e areias movediças que queimam nossos próprios pés.

Somos oásis aconchegantes capazes de saciar a sede de quem necessita de afeto e de amor.

Somos brisa, tempestade... somos um pouquinho de tudo o que há na natureza.

Na geografia do existente e do inexplicável, somos horizontes sem-fim...

E nesse horizonte sem-fim

Estar consigo, na mais profunda intimidade, dentro da própria alma;

Na pura nudez de si mesmo, sem a vergonha de ser criatura com a beleza originária, do jeito que Deus quis;

Sem medo do sem sentido,

De olhares sem horizonte.

Um olhar sem horizonte é um olhar entristecido.

Não é capaz de atravessar as rochas das montanhas da existência e imaginar o que há por detrás delas;

Perdeu a capacidade de sonhar com olhos abertos,

De imaginar que, por detrás de cada obstáculo, existe um horizonte, mesmo quando há olhares sem horizonte...

Ninguém vive sem horizontes,

Mesmo quando nos tentam fechar em cavernas,

Ele está em nosso coração e em nossa mente, lá onde somos o que somos.

Somos horizontes sem-fim na geografia do existente.

Na geografia dos horizontes, somos o sem-fim do existente...

Para meditar:

- "Um olhar sem horizonte é um olhar entristecido." Que horizontes enxerga seu olhar?

- Que lugar ocupa o divino em seu horizonte?

A ARTE DE DISCERNIR

Discernir é ver as coisas claras com os olhos, razão e coração. É uma arte que requer sempre olhos abertos, intelecto aguçado e coração prudente. Discernir é arte para toda a vida e vai nos ensinando a ser mestres na prudência e na sabedoria, com um olhar amplo sobre o horizonte do mundo.

Talvez tentamos com nossa pressa e superficialidade distinguirmos o joio do trigo. E como tudo é muito parecido, corremos o risco de eliminar o trigo e deixar o joio. Não é à toa que Jesus invoca a prudência da espera (cf. Mt 13,24-30).

Discernir é um processo lento, até doloroso, de tirar nossas cascas exteriores para irmos ao cerne de nós mesmos para descobrirmos nossa essência, onde está o melhor de nós, nossa bondade... Por isso é arte! Arte na vida e da vida!

É arte de encontrar nossas feras em meio a nossas selvas interiores e fazer o constante exercício de domesticá-las sem feri-las, colocando-as em seus *habitats* para que elas não nos mordam. E, em nossas cavernas interiores, há tantas que não conhecemos e nos amedrontam. Discernir é tirá-las do escuro para verem a luz do possível.

Discernir é cavar uma montanha, adentrar suas escuridões, fazer túneis com suas armações para se chegar às pedras preciosas. E, ao encontrá-las, poli-las para que ganhem brilho e valor, para que sejam obras de arte reluzentes, joias preciosas.

Discernimento é a provocação que o Espírito nos faz diante da roda da vida para escolhermos o que é bom em nossa contingência. E ele, como guia, conduz-nos e nos confronta, faz-nos dar à luz as boas decisões. Discernimento sem o Espírito é espírito sem discernimento, sem iluminação.

Discernir não é a arte de tirar máscaras, mas a de virar-nos dos avessos e encontrar nosso revesso, em que está nossa originalidade, na qual vamos gravando nossas pegadas nas pedras da história.

E assim, nas engrenagens dos tempos e suas circunstâncias, à luz do Espírito, vamos buscando fazer o bem e evitar o mal, em uma realidade lusco-fusco, em uma mistura fina que exige de nós ver as coisas claras com os olhos, a razão e o coração.

Com nossos desejos,
Com tudo o que somos,
Sem medos,
Com nossos sentimentos,
Com o Timoneiro do Tempo e da História para nos guiar em nossa missão de discernir o melhor caminho para fazermos o bem.

Para meditar:

- Pr 1,1-6; Pr 8; Mt 7,24-29; Mt 13,24-30; Pr 24,3-5
- Cor 2,14-16; Ef 5,8-10.

MUDAR A PARTIR DE NÓS MESMOS

Somos seres itinerantes no curto tempo que nos é dado... E, em cada segundo, não somos mais os mesmos, pois estamos sempre em constante mudança. Não poderíamos viver se não fossem as mudanças que ocorrem, a cada segundo, em nosso ser, por mais imperceptíveis que sejam.

Mudamos, desejamos mudança, exigimos tal atitude dos outros e podemos mudar, a começar de nós mesmos.

Apesar de nos metamorfosearmos a cada instante, invisivelmente, mudanças são difíceis e processuais, dependem de tanto sangue, suor e tantas lágrimas e, às vezes, levam uma vida; é fácil desistirmos.

O primeiro passo para mudar é aceitar-nos e tomar consciência do que precisa ser mudado em nós. Aí estão o caminho e o mapa para nos guiar nessa missão que pode durar uma vida. Para os demais, o Espírito nos conduz com suas asas.

Mudar não é ser inimigo de nós mesmos, não nos aceitando, fazendo-nos sempre vítimas de nossa própria história, mas passar pela vontade de nos realizarmos, sermos melhores e respondermos fielmente ao mistério da vida.

Responder ao mistério da vida! Passamos uma vida entre casulos e metamorfoses a voar entre jardins com suas rosas e seus espinhos... Aí está o sentido de sermos quem somos, porque podemos nos metamorfosear sem perdermos nossa essência.

Mudar é viver nossa pascalidade entre libertações, cruzes e ressurreições cotidianas.

Mudar coloca-nos em crise, purifica-nos. Faz-nos chorar como o ouro que passa pelo fogo para se tornar mais puro e brilhante.

Faz-nos atravessar desertos com miragens e areias movediças sem, às vezes, não vermos possibilidade de oásis.

Faz-nos adentrar noites escuras sem luas e estrelas, apenas com nossa luz interior, acendida pelo Espírito em nós.

Faz-nos viver dias de profunda solidão em que a única companhia somos nós mesmos.

Faz-nos experimentar mares turbulentos apenas com o barquinho da fé.

Faz-nos tomar consciência de que na crise da mudança não somos os mesmos, somos melhores. Por isso nossa vocação em não sermos sempre os mesmos, mas sempre novidade.

Permanecermos sempre os mesmos é morrer a partir de dentro, não respondendo à beleza criativa de Deus, que nos fez seres em constante evolução.

Mudar a partir de nós mesmos, desde as pequenas coisas, dos fragmentos de nós, sem medo...

Mudar para fazermos o bem.

Para irradiarmos esperança.

Para solidificarmos a fé.

Para sermos livres para amar.

Para sonharmos outros mundos além de nosso pequeno horizonte.

Para sermos melhores como Deus nos deseja.

Para sermos melhores com os outros.

Para cuidarmos do criado.

Para respondermos ao mistério da vida com nossa própria vida!

Para meditar:

– O que você gostaria de mudar em sua vida para ser uma pessoa melhor e ajudar seu próximo?

MELHORAR O MUNDO

O que podemos fazer para melhorar o mundo?

Talvez a pergunta nos cause medo, pois o mundo é tão grande e somos tão pequenos. Seria ousadia pensar que somos tão grandes e o mundo tão pequeno? Falta-nos arriscar nisso... Pode ser mais cômodo continuarmos apenas com a interrogação e permanecermos do mesmo modo, sem darmos nenhum passo além de nosso simples comodismo.

O que podemos fazer para melhorar e salvar o mundo? É uma provocação em seu sentido profundo! Um chamado à vocação de transformar, mudar, latente em cada ser humano; é chamado à luta para construir algo novo para termos um hoje e um futuro melhores. Se a pergunta nos provocar, já começa dentro de nós a revolução.

Revolução é revolver dentro de nós e encontrar ali sentido para mudar, mesmo quando nos defrontamos com o sem sentido; mas a provocação da pergunta nos tira a paz cômoda e nos faz pensar.

Revolucionar é evolucionar de novo, em um constante processo que dura até o fim de nossa jornada vital, em um horizonte transcendental.

Assim é a história humana, marcada por revoluções que nem sempre nos fizeram melhores. Foram apenas involuções...

Estamos acostumados com as revoluções grandiosas, grandes epopeias de guerreiros, conquistadores, vencidos. Não recordamos aquela das pequenas coisas cotidianas, do ato de mudar uma atitude para sermos melhores, de modo que esta nos faça felizes e possa colorir o mundo com cores alegres e com a fragrância do amor.

O que podemos fazer para melhorar o mundo? A começar de meu próprio quintal, do local sagrado onde vivo, convivo, teço minhas relações amorosas e conflituosas do cotidiano? O que seria do mundo se cada pessoa acordasse e colocasse a caminho para buscar algo novo, melhorar seu entorno, fazer sua microrrevolução encontrando sentido no que é e no que faz? Talvez não tivéssemos medo dessa incômoda pergunta.

Melhorar o mundo requer uma vida... E vivemos para isso. Somos peregrinos da arte de mudar, porém tornamo-nos eremitas de nossos eremitérios existenciais, tantas vezes, cerrados por medo da mudança.

Mudança requer colocar-se a caminho, sabedoria e paciência de sábio para discernir entre o desejo e a pura vaidade.

O que posso fazer para melhorar o mundo? E o que o mundo pode fazer para melhorar-me?

Talvez a resposta seja apenas um silêncio.

E é no silêncio que tudo começa a mudar para ganhar coragem de mudar o mundo...

PARA MEDITAR:

- O que tenho feito para melhorar o mundo?
- Reflita sobre as mudanças que realizou em sua vida e reze-as.

PECADO E GRAÇA

Ao longo de nossos dias, vivemos a tensão entre pecado e graça na certeza de que somos maiores que nosso pecado e de que a graça nos salvará.

O pecado nos desvia de Deus e de nós mesmos, a graça nos mostra o Caminho.

O pecado nos faz esquecer Deus, a graça o torna presente.

O pecado nos confunde, a graça nos infunde o Espírito.

O pecado nos faz egoístas, a graça nos faz dons.

O pecado fragiliza e fragmenta o humano, a graça une e fortalece.

O pecado nos envaidece e entristece, a graça traz a simplicidade da alegria.

O pecado nos seduz e nos trai, a graça nos encanta e nos faz fiéis.

O pecado confunde, a graça ajuda a discernir.

O pecado corrói, a graça constrói.

O pecado mata, a graça faz renascer.

O pecado detesta o bem, a graça faz bem.

O pecado não acolhe as diferenças, a graça concilia e reconcilia.

O pecado distrai, a graça atrai.

O pecado ofende, a graça compreende.

O pecado nos faz sem alma, a graça nos enche do Espírito

O pecado desune, a graça congrega.

O pecado rechaça, a graça abraça.

O pecado nos faz finitos, a graça nos faz eternos.

O pecado ou a graça, o que buscamos? E por que temos

tantas dificuldades de percorrer os caminhos da graça, que nos dignifica, e nos perdemos nas amarras do pecado?

Transformar nosso pecado em graça, eis um caminho de conversão e uma meta cotidiana...

E a graça nos salvará!

Para meditar:

– Lc 15,11-32; Ef 2,1-10; Rm 5,12-16.

SENHOR, DÊ-ME A PAZ!

Senhor, dê-me a serenidade de coração de que necessito para tomar decisões justas e sem ferir ninguém. Ilumine minha inteligência para que eu possa ver além dos muros e da escuridão.

Dá-me a sabedoria para discernir os melhores caminhos, a paz interior e uma consciência iluminada para que eu possa perceber seu Espírito agindo no mistério de meu ser.

Nas encruzilhadas do caminho, dê-me a orientação para escolher seu caminho e, por ele, chegar ao bem que busco. Ao encontrar a incerteza e a falta de clareza, que eu tenha a paciência sapiente da espera e os ouvidos abertos, para auscultar todas as vozes a meu redor, saber discernir entre sua voz e a dos ídolos, e possa sempre escorregar em meio a suas garras sem me ferir.

Senhor, dê-me a paz da escolha, mesmo quando eu não possa escolher, mas possa acolher.

Senhor, dê-me a paz necessária para pensar o futuro a partir de meu ontem, de meu hoje e de minhas memórias de redenção. O que esperar de mim mesmo para o porvir? O que discernir? O que decidir? O que mudar? O que esperar quando não se espera mais nada? O que esperar para não se desesperar, a não ser a paz de escolhê-lo?

Que eu tenha a paz para enxergar com olhar sapiente minhas profundas fraquezas e tratá-las como oportunidades para crescer a cada dia, sem o medo de me escorregar e cair pelos caminhos. Sei que está por perto ensinando-me a caminhar, mesmo com pequenos passos. E não me falte a paz da reconciliação comigo mesmo, desde minhas feridas interiores. Que eu não tenha medo de mim mesmo, daquilo que sou, mesmo nos abismos de meu ser, onde não me conheço.

Quero, Senhor, caminhar em sua estrada, mesmo quando minha cegueira me ofuscar a direção. Dê-me a intuição como mapa seguro para seguir na escuridão e chegar ao porto seguro de mim mesmo. Peço-lhe a paz, mesmo quando em meu ser remoer a conflitividade das tensões do cotidiano e das decisões a serem tomadas.

E desse modo, em sua paz, quero caminhar...
Em minha simplicidade sem perder meu norte,
Com equilíbrio para viver a intensidade da vida,
Com minha história reconciliada,
Com a leveza da brisa da manhã,
Com a beleza do pôr do sol no horizonte,
Com o coração sereno para acolher e cuidar,
Com olhar que olhe até o infinito do horizonte,
Com a sabedoria do aprendizado de cada dia,
E com a consciência em paz de ter cumprido meu hoje que jamais voltará...

Assim, em paz...

Para meditar:

– Mt 5,9; Jo 14,27; Jo 16,33; Fl 4,6-7.

LIVRA-NOS, SENHOR, DO MAL!

Livra-nos, Senhor, de todo o mal, em cada momento de nossa vida! Libera-nos de o sermos causadores a nós mesmos, a nosso próximo e a nossa terra. Afasta-nos dessa tentação que nos acompanha desde nossas origens, fragmenta-nos e nos desumaniza. Ele é corrosivo e carcome, aos poucos, nosso ser. Despersonifica-nos, afasta-nos de nossa beleza originária para qual fomos criados, sermos bons.

Os antídotos contra o mal são o amor e a compaixão. Quem ama não faz o mal. Passa uma vida inteira lutando contra essa força que sempre aparece dos abismos inconscientes e está sempre pronta para o ataque. E somente o amor, com sua ternura e fragilidade, e a compaixão, como sentir visceral e colocar-se na pele de outrem, serão capazes de detê-lo e jogá-lo nos porões do esquecimento. Lá, devorará a si mesmo até um dia destruir-se.

Há quem desvirtua sua beleza originária e sadicamente faz o mal. São aqueles que perderam a compaixão, a empatia e a capacidade de contemplação. São seres que odeiam a beleza, porque esta lhes reflete no espelho da vida o desvirtuamento de sua beleza originária. E, para justificar a si mesmos, o malfeito, mentem. A mentira é a privação do caráter e leva ao esvaziamento da honestidade. E descaracterizado de empatia, e compaixão, e desonesto, cria-se a idolatria da autoimagem e da messianidade vazia, que corrompe e mata sorrateiramente com requintes de sarcasmo e crueldade.

Livra-nos, Senhor, do mal!

E fortalece nosso coração para que não sejamos narcisistas e caiamos no lago da idolatria, da falsa messianidade e da falta de empatia. Ajuda-nos a recuperar nossa beleza originária, fundada no amor, na compaixão, na ternura e na verdade transparente que liberta. Dá-nos grandes olhos em nossa razão e nosso coração para contemplarmos o bem. E na profunda contemplação do bem, que tem origem divina, evitaremos o mal.

Livra-nos, Senhor, de todo o mal, especialmente daquele ardiloso que entra em nosso coração com aparência de bem. Dá-nos, por meio do Espírito, a capacidade de discernimento e a força para superá-lo. Ajuda-nos sempre a voltarmos nossa beleza originária calcada no divino, capaz de iluminar o mundo quando este se encontrar escuro pelas nuvens tenebrosas do mal e da indiferença.

Que assim seja em todos os nossos dias até encontrarmos face a face o Sumo Bem e a Suprema Beleza, que nos gerou para sermos bons, fazermos o bem e evitarmos o mal!

Para meditar:

- Rm 7,18-21; Mt 5,38-48; Mt 6,9-15.
- De que forma podemos fazer o bem e evitar o mal? O que pode nos ajudar nesse propósito?

DEUS, ONDE ESTÁS?

Deus, onde estás em meio à dor do mundo? Por que silencias diante da morte do inocente? Por que os bons se vão cedo demais e os maus parecem ter vida longa? Assim perguntaram nossos antepassados na fé; hoje somos nós a colocarmos Deus entre a cruz e a espada para resolver nossas profundas inquietações. Deus onde estás, em nossa falta de resposta? Em nossa falta de resposta Deus aí está!

E, talvez, a resposta seja um profundo silêncio.

O silêncio de Deus nos amedronta, tira-nos a paz, faz-nos sentir sem proteção. Mas é esse silêncio divino que nos faz voltar à essência da cruz, na qual o silêncio paternal dá lugar ao grito filial: meu Deus, meu Deus, por que me abandonaste? (cf. Mc 15,34). E, nesse profundo silêncio, Deus escuta não só o grito de seu Filho, mas também os nossos. E, no silêncio, Deus gesta o grito que irrompe o silêncio da morte, a ressurreição.

Deus, onde estás? Por que continuas ainda atado nas cruzes do mundo? E por que tantos inocentes crucificados? Será que ainda não escutamos o grito da ressurreição? Ou não compreendemos o próprio silêncio divino e, nele, as dores da própria humanidade?

Talvez nos falte a coragem de, em vez de indagarmos "Deus onde estás", interrogarmo-nos: onde estamos nós em meio à dor do mundo? Por que nos silenciamos diante da morte do inocente? Não é mais fácil atribuir nosso próprio silêncio àquele divino?

Deus está aí, sempre o mesmo, desde sempre.

Está dentro do mundo com suas convulsões e seus gritos; em cada ser humano que faz o bem e evita o mal; em todo aquele que se faz samaritano para curar as feridas de quem está caído à beira da estrada do mundo (cf. Lc 10,25-37); está no ser humano que sofre crucificado cotidianamente sem nenhuma culpa.

No avesso de nossa história, ali está o Deus silencioso, atuante e incansável. Tão silencioso que nem o percebemos e não entendemos quão profunda é sua dor, ao ver sua própria inocente imagem e semelhança sofrer por nossa incapacidade de amar. Está em nossas próprias sombras, mesmo quando não o enxergamos por falta de luz. Em algum fragmento de nós, carregado de humanidade.

Deus, onde estás? É a pergunta de quem tem fé, ama e quer entender o próprio silêncio divino; é a interrogação ante a dramática dúvida diante do mistério do próprio humano, que ousa perscrutar o divino. Sempre o mesmo, Deus está aí, desde sempre, a escutar nossas perguntas e fé inquietantes.

Para meditar:

– Jó 31-38; Lc 10,21; Sl 8; 1Cor 15,1-4.

DIVINA IRREPETIBILIDADE[3]

Deus é e está na irrepetibilidade. É sempre novo e se manifesta nas coisas de modo único. Tudo tem sua origem, sua essência, sua existência, sua matéria, sua beleza, sua verdade, sua forma, sua contingência, sua temporalidade, sua finitude e sua infinitude. Em nossa infinita pequenez, tal como grão de areia no oceano, resta-nos contemplar e intuir que existe algo para além de nós irrepetível.

E nós nos ligamos ao Criador por nossa irrepetibilidade, apesar de sermos semelhantes entre nós; no entanto, na sinfonia do Universo, somos uma nota a entrar no cântico sempre novo do grande Maestro. E, assim, compõe-se a canção que nos embala até o horizonte da eternidade.

E, na irrepetibilidade das coisas, encontramos a beleza de Deus, mesmo sem vê-lo e sem tocá-lo. Mas o vemos e o tocamos com os olhos e as mãos do mistério inscrito no coração. E, no espaço entre o olhar e o toque, experimentamos a ternura de Deus.

E nada se repete no infinito mistério da Criação,
em que tudo possui um significado,
uma utilidade e se revela sempre de um modo
diferente e único em cada olhar.
E um olhar é sempre irrepetível...
A partir dele, sentimos sempre algo novo.

[3] Poema escrito no trajeto de Huambo a Luanda, Angola, 23 de novembro de 2021.

Somos um mosaico de olhares ao longo de nossa vida. E deles histórias semelhantes que se confluem, não se repetem e avançam no tempo. Restam as memórias, a saudade do que foi e é irrepetível. Temos nostalgia da irrepetibilidade, por isso temos saudade. E saudade nunca se repete, porque se torna mais intensa com o avançar do tempo.

Submersos na complexidade do Universo, estamos nós com apenas uma vida, irrepetível, em suas saudades terrenas e se tornará eterna, na irrepetibilidade do tempo e de Deus.

Para meditar:

- Gn 1 e 2; Êx 3,13-15; Sl 8.

MÍSTICA

Mística é a ousada e incessante busca humana de entrar no coração de Deus e permiti-lo armar sua tenda no coração humano. É encontro que se dá na profunda liberdade entre humano e divino e se materializa na comunhão. É a busca do reverso do mistério das coisas para encontrar nelas as pegadas divinas que vão bordando a tela do Criado até construir a própria e simples imagem do Criador, a que sempre chegaremos por impressões.

Mística é desmistificação do divino que julgamos conhecer para não incorrer na idolatria de nós mesmos nem nas falsas imagens divinas que construímos, segundo nossos próprios interesses.

A mística provoca a admiração, a contemplação e o silêncio que nos permite escutar os gritos de nosso ser entre a agônica tensão da vida e a surpresa das microrressurreições cotidianas para auscultar a ternura do sussurro divino a falar-nos serenamente aos ouvidos do coração e enchê-lo de profunda paz.

O caminho da mística se faz, paulatinamente, à medida que vamos reunindo os fios da existência com suas diferentes cores no tear da vida e os tecemos para fabricar o manto colorido da transcendência, que nos protege da frieza do vazio e da falta de sentido. E, nos labirintos do mistério da vida, a mística é o fio que não nos deixa perder e nos faz encontrar a morada de Deus.

No reino dos místicos quem se atreve a afirmar-se como tal é charlatão, um sedutor de consciências para reafirmar a si mesmo. O místico coloca à prova sua própria fé, intui que tudo é graça, faz-se servidor e peregrino na itinerância do caminho divino e, com sua simplicidade e humildade, ousa compartilhar a graça da experiência de Deus. O místico não se apresenta, diz por si mesmo... Ele se faz ao longo dos caminhos árduos e pedregosos da vida com suas encruzilhadas, seus tropeços e suas surpresas.

Ser místico é ser companheiro de Deus nas descobertas do mistério ao longo do caminho da vida sem perder a própria humanidade.

Para meditar:

- Ler: Jo 1; 2Cor 12,1-10.
- O que dificulta sua experiência de Deus?
- Como você cultiva sua vida mística?

A MÍSTICA DO COTIDIANO

Que papel a mística ocupa em nossa vida? Ou preferimos passar a vida na superficialidade dos acontecimentos, sem olhá-los para além de nossa própria visão?

A mística é nossa capacidade de penetrar no mistério da vida e perceber nela os rastros de Deus na história. É dom do Espírito que nos faz contemplar tudo a nosso redor e perceber que tudo tem um sentido, até mesmo o sem sentido. E, na totalidade, enxergar-nos como fagulhas do mistério divino com saudades transcendentais.

A mística não nos tira do mundo e das pessoas. Devolve-nos a nós mesmos, ao outro, ao mundo e nos inquieta a encontrar o divino. Faz-nos entrar em nossa própria carne e nos tornar profundamente imanentes, com o desejo de sermos humanos e bons, pois para isso fomos criados.

Fomos criados em um tempo, em uma parte da história e construímos histórias. Somos processuais e vamos nos tecendo com fios existenciais de diversas cores, formando nosso traje vital para celebrarmos, cada dia, um novo nascimento e um novo morrer.

Construir-se é um ato místico, pois este começa a partir das entranhas do mistério do próprio ser e requer profundo ato de fé. E, no confronto com nosso próprio mistério, a dar à luz fragmentos da imagem de Deus, que vamos nos construindo no decorrer de nossa história salvífica. Dos fragmentos do mistério divino, formamos o mosaico brilhante de sua verdadeira imagem que ganha carne e nos abraça de modo terno e eterno.

A mística é um ato de profunda humildade que consiste em intuir quem é Deus desde as pequenas partículas divinas existentes no mistério de nosso ser e são provadas na historicidade do tempo e na ciência da fé. E, nesse ato sublime, distinguimos o verdadeiro Deus de nossos ídolos. Assim, a mística nos liberta das falsas imagens de Deus, faz-nos profundamente humanos com saudades transcendentais...

Sem mística não compreendemos nossa própria História de Salvação, lugar em que nos salvamos e nos redimimos, mesmo quando nossas culpas nos fragmentam. E aí, na concretude de nossos desertos, Deus passa nos libertando dos faraós que criamos e tanto estimamos, pois nos dão a segurança do domínio e do poder. A mística nos faz perceber as manhãs de páscoa em nossos dias e nos libera de nossos mistérios sepulcrais, em que estão nossas próprias sombras para ver nossa verdadeira face resplendida no mosaico divino que descobrimos dos fragmentos encontrados dentro de nosso próprio mistério.

E, na cotidianidade do mistério das coisas, escrevemos cada dia uma linha de nossa história salvífica e vamos bordando, com fios existenciais, gravuras nas folhas do mistério da vida, folheadas pela dinamicidade do sopro do Espírito.

Para meditar:

- Por que a mística nos liberta de nossos ídolos pessoais?
- De quais ídolos necessita se libertar?
- De que modo vivencia a mística do cotidiano?
- Ler: Ex 20,3-4; Sl 115,4-8; 1Cor 10,14; Jo 17; Ap 4,11.

SAUDADE

O que é a saudade, esse sentimento, tipicamente humano, com o qual sempre convivemos, essa ardência existente dentro de nossa alma, que nos tira suspiros, até fere?

A saudade existe quando há amor, empatia, memória, recordação, ausência e arde dentro de nosso coração.

Manifesta-se de diversos modos.

Há saudade e saudades...

A das despedidas que vamos realizando no ciclo de nossa existência...

Amar é a saudade do amor originário em sua beleza e formosura;

A fé, saudade do mistério que queremos tocar, do transcendente no qual fomos gerados, antes mesmo do tempo, na eternidade;

A esperança, a saudade daquilo que nos projeta para os sonhos de nossas realizações, aquela força interior para não nos perdermos no desespero.

Há saudades remediáveis com o encontro, com o carinho, com o beijo, com o abraço e com o olhar. Há aquelas próprias de nossa existência, quando nos despedimos de nós mesmos, a cada dia em nossa vida.

Há as que nascem da despedida e aquelas da surpresa do inesperado.

Assim, passamos a vida marcada por saudades, porque somos puramente humanos...

Há saudades que não conseguimos remediar. São aquelas sem volta... aquelas da despedida de cada dia de nossa vida...

pois não podemos voltar no tempo, viver aquelas experiências únicas. Elas restam em nossa memória, o arquivo de nossas saudades.

Mas há uma saudade letal, aquela que rói nosso coração, aquela de quem amamos e se foi com despedida ou de forma inesperada. Esse sentir doloroso de doer, profundamente carregado de amor, empatia, memória, recordação e pela ausência. E essa ausência dói, porque nos tira um pedaço de nosso coração. Temos saudades de quem deixou marcas em nossa vida, tatuou seu nome e sua existência em nossa alma e um dia partiu...

Partir... verbo que nos diz tanto de saudade....

Para a saudade da ausência definitiva não há remédio, apenas o paliativo da memória e das boas recordações – aquela de fazer passar tudo novamente pelo coração... E, ao passarmos pelo coração, damos vida às pessoas que se foram, às experiências sagradas que vivemos.

A dor da saudade se remedia com a entrega desses seres lindos, que tivemos a graça de encontrarmos em nossos caminhos existenciais, ao percurso do encontro com o Eterno e, por meio da memória agradecida, do que significaram para nós em nossa existência.

Pela saudade eles serão para nós sempre eternos, mesmo que isso custe lágrimas, as lágrimas que irrigam o amor eterno que sentimos por eles.

E assim tocamos a vida, com saudade...

Para meditar:

– De que/quem você tem mais saudade em sua vida?

LUTA NO LUTO

A luta para assimilar a perda de quem amamos. Lutar contra a dor e a dificuldade da entrega, pois ninguém não nos pertence. Eis a luta! Luto é luta para continuar a vida apesar da ausência. E entre o amor e a ausência está a saudade, como fera bravia, que vamos domando até chegarem o dia de nossa partida e o encontro com quem amamos, nossa doce esperança.

Luto é luta para se recompor. Passa pela recordação da experiência vivida com quem tocou nossa alma e nela, de algum modo, permaneceu. Recordar cada detalhe de quem se foi e, com memória agradecida, agradecer uma vida que se despede com sua longevidade ou brevidade, previsibilidade ou surpresa, sofrimento ou serenidade diante do certeiro e misterioso mistério da morte. Oh, morte, por que não nos deixa ser eternos? Por que quem nos ama e amamos parte tantas vezes sem despedidas? Resta o silêncio doloroso como assimilação e consciência da perda...

Diante dessa certeza imprevisível que todo mortal experimenta, há de lutar para que o luto não seja a experiência da dor lancinante e insuportável, mas o bálsamo que cura o coração ressignificando a perda sem deixar de amar a quem se foi, mesmo em sua ausência. E, assim, o luto não é somente uma experiência de uma perda, mas um valorizar a própria vida e a quem amamos.

Na luta do luto algumas verdades emergem:

A de que somos mortais;

De que devemos dizer que amamos as pessoas enquanto podem ouvir: "eu te amo" e fazê-las felizes;

De que aquilo que fizemos não foi o suficiente;

Não deixar de perdoar hoje, pois amanhã pode ser tarde demais;

De que ninguém não nos pertence, por isso entregar a pessoa amada a Deus é retribuir-lhe o presente que ele nos deu, a presença de nosso ente querido;

De que a saudade será nossa companheira até nosso último dia;

De que todo ritual e todos os discursos de despedida sem amor vivenciado são vazios;

De que os rituais fúnebres não são celebração de morte, são a conclusão de um ciclo de vida, de agradecimento e de despedida de quem não mais está conosco;

De que passaremos nossos dias com perguntas sem respostas;

De que aqueles que foram nos querem felizes e que continuemos a viver;

De que a fé na ressurreição nos conduz à vida eterna e à comunhão;

De que o tempo é curativo, mas, se a dor se tornar insuportável, buscar o apoio necessário.

Luto é luta para continuar a vida, apesar da ausência, com memória agradecida por quem escreveu sua história em nossa história e em nossas memórias no Livro da Vida...

Para meditar:

- Faça uma memória das pessoas que marcaram sua vida e estão juntas de Deus.
- Faça uma prece de agradecimento por elas.

PARA ALÉM DE NÓS MESMOS

O que somos nós para além daquilo que conseguimos ver? Para além de nossa materialidade, de nossos mistérios, de nossa razão, de nossa transcendência, de nossos sonhos, de nossa própria superficialidade? Somos o que somos, gerando-nos a cada dia e nos despedindo de nós mesmos, deixando em nossos caminhos interiores as marcas de nossos passos na poeira da vida.

Enxergamos tão pouco de nós...

Falta-nos o olhar da fé em nós mesmos para darmos cada dia o salto para conhecer nossos abismos com aquilo que somos, sem termos medo de nós, mas acreditar que somos apenas humanos.

Se enxergamos pouco de nós, o outro é apenas uma imagem embaçada de nossas próprias projeções que podemos desconhecer.

Se desconhecemos nosso próprio ser e o mistério do outro, não tocamos o sagrado do mistério de nós e, do outro e do divino.

O que somos nós para além daquilo que conseguimos ver e tocar? E o que conseguimos ver e tocar, quando somos para além de nós mesmos?

A resposta está em nós... aquilo que fazemos de nossa existência!

Há pessoas que jamais se permitem ver e não veem.

Perderam a capacidade de contemplar o horizonte multicolorido que as cercam; preferem apenas ficar com a segurança monocromática de si mesmas.

Monocromia é monotonia, perda da capacidade de surpreender-se, de apreender e aprender com as diferentes cores da vida.

E há aqueles seres que se despem dos olhos para ver além de si mesmos e dos outros; fazem-se olhar para quem perdeu a capacidade de se surpreender e de contemplar. São seres que descobriram a cor da vida, em meio a sua própria dureza. São luzeiros em meio à noite escura. E com seus olhares contemplativos pintam, com as cores da vida misturada à vivacidade do sangue e do sabor do suor, aquarelas de profunda beleza para fazer o mundo sorrir. São seres que veem e são capazes de tocar para além de si mesmos;

são seres que intuíram o mistério de si e do outro;

são pessoas que captaram a beleza do mistério divino na dor da vida.

Para além de nós mesmos existe a fantasia.

E somente ela nos liberta dos fantasmas de nossos medos, de nos enxergarmos e nos tocarmos, de ver o avesso de nossa alma. E é no avesso de nossa alma que somos. E quem não enxerga o avesso da alma não pode tocar o próprio ser. E tocar o próprio ser é ser capaz de enxergar para além de nós mesmos.

O que somos nós para além daquilo que conseguimos ver e tocar? E o que conseguimos ver e tocar, quando somos para além de nós mesmos?

E para além de nós mesmos o que somos?

Para meditar:

– De que modo podemos enxergar o mundo e as pessoas para além de nossas imagens, talvez, negativas, e resgatar a positividade em nossa vida?

TERNURA E ETERNIDADE

A ternura nos faz ternos e eternos.

Aconchega a alma e nos torna capazes de compartilhar nosso ser com os demais; desarma-nos daquilo que nos desumaniza e de nossas autodefesas. É o abraço da alma que envolve todo o nosso corpo nu. É o perfume do amor, cuja essência é a linfa da alma que se espalha em nosso templo interior para acolher quem é diferente de nós.

A ternura é a manifestação da bondade interior, guardada em nossos valorosos tesouros.

Quem perdeu a ternura não abraça o outro com a própria alma; é cego em seus sentimentos; um caminhante na noite tenebrosa do próprio existir; um céu escuro sem estrelas.

A ternura liberta-nos de nossos preconceitos.

Faz-nos capazes de acolhermos quem é diferente de nós porque é humano. E reconhecer-nos humanos no outro, humaniza-nos.

O templo da ternura é aberto, espaço de acolhida e não tribunal de julgamentos, é um oásis no deserto, um colo de mãe que nos acalma de nossos medos.

Quem é terno esquece-se de si mesmo e sempre dá um pouco de si. Deixa suas digitais para sempre no coração de alguém.

A ternura nos chega pela porta do sorriso e pelas janelas do olhar, acolhe pelo abraço e convida a entrar na morada do coração. É tão sutil como uma brisa fresca da manhã...

A falta de ternura faz o mundo inabitável, um lugar difícil de viver.

Apenas um lugar desabitado de nós mesmos, onde transcorremos nossos curtos dias e morremos sem nos tornarmos eternos...

Talvez morremos de fome de ternura,
definhando-nos em nossa própria humanidade,
esquecendo-nos de que somos ternos e podemos ser eternos.

A ternura potencializa em nós a inocência, a capacidade de não fazermos o mal e protege-nos do egoísmo que endurece o coração e o torna incapaz de amar; é a fragrância divina que exalamos de nosso ser que nos faz tão humanos que recordamos o divino em nós.

A ternura nos faz ternos e eternos;
Não pelo que temos, mas pelo que somos;
Não por nossa fama, mas pela simplicidade de coração;
Não pela história de glórias, sim pela glória de amar.
E quem ama é terno e eterno!
E ficará para sempre, não na história, que passa,
Mas no livro da eternidade do Divino Criador, que por amor nos fez ternos para sermos eternos.

Para meditar:

- Is 49,15-16.

COMPAIXÃO

É quando ocorre algo dentro de nós que nos despedaça, corta nosso coração e faz nossas vísceras sentirem com o outro sua fragilidade, sua dor e vestirem-se de sua pele sofrente, fazendo-nos esquecer das categorias que tantas vezes nos separam e se abaixar até quem necessita. Compaixão é mais que um sublime sentimento. É a essência de nosso espírito.

A compaixão é própria daqueles que são profundamente humanos. E tão humanos que se parecem divinos, aqueles seres tocados em suas vísceras pelo olhar de seu semelhante e pelas pontas dos dedos da ternura divina para agirem e curarem. Compaixão é o caminho da *kenosis* que nos faz sair de nós mesmos e atingir o mistério do sofrimento alheio. E, sem se desesperar, acolhê-lo em sua totalidade, curá-lo com o bálsamo de nosso amor.

Redentora é a compaixão, porque nos despoja de nós mesmos e nos faz salvar, aliviando a cruz, que fere os ombros condenados pelo sofrimento. A compaixão se trasveste de Cirineus, Verônicas e Samaritanos ao longo das estradas da existência para ajudar a carregar as cruzes, enxugar sangue e lágrimas e a curar a ferida dos assaltos ao longo da vida.

A compaixão é olhar terno de Deus presente no coração capaz de hospedar o rosto do outro pela profunda empatia. E o rosto é apelo e mensageiro de compaixão. E por meio do rosto que o coração e as vísceras sentem, na intimidade da alma, aquilo que faz mover e curar.

Quem não se compadece é incapaz de descer às entranhas do próximo e abraçá-lo com o coração. Trai sua própria humanidade, pois não enxerga no rosto de outrem o próprio rosto. E compaixão é enxergar-se no espelho da própria humanidade, do próprio rosto e contemplá-lo como dom divino no rosto do outro.

Quem se compadece não faz guerra, pois a guerra dilacera a humanidade, os corpos e os rostos. E quem tem humanidade traz em suas vísceras a compaixão. E quem tem compaixão tem um rosto e um olhar que transmitem a profunda bondade.

Se perdermos a compaixão, seremos apenas o simulacro de nossas piores paixões. E as paixões cegam os olhos do olhar do rosto e desperta o narcisismo, a paixão por si mesmo e o esquecimento do outro. E narcisistas, não seremos Cirineus, Verônicas e Samaritanos ao longo das estradas da existência para enxergar o outro, ajudá-lo a carregar suas cruzes, enxugar o sangue e as lágrimas e a curar a ferida dos assaltos ao longo da vida.

Bem-aventurados são aqueles que ainda têm muita compaixão, pois renovarão a terra e deles é o Reino dos Céus...

Para meditar:

– Em que momentos de sua vida experimentou a compaixão ou foi movido por ela?

– Mc 15,20-21; Lc 10,25-37.

ESSÊNCIA E INDECÊNCIA

Cada ser possui, em seu ornado vaso existencial, uma essência, o amor. Tão precioso, tão frágil, tão belo, tão grande e tão desconhecido. É essa essência tão escassa que, aos poucos, vamos deixando de lado e vamos nos tornando indecentes.

O amor faz bem à humanidade. Recorda de nossa essência mais profunda e preciosa, a de que fomos seres humanos feitos para amar e não para sermos indecentes fazendo o mal.

A indecência da falta de amor mata o humano paulatinamente, deixando-o sem seiva, árido como deserto, um lugar onde habita apenas feras, escorpiões e o reino da morte. Tal indecência nos desnuda de nossa essência...

No reino da indecência, não existe essência, apenas perdição, aquela perdição de nos perdermos de nós mesmos, no reino do sem sentido. E o sem sentido é apenas um vazio no mais profundo da alma. No profundo da alma, está nosso vaso existencial, onde podemos encontrar a essência que nos tira da indecência, de nossa falta de amor.

O que escolhemos: a essência ou a indecência? Livremente, podemos escolher entre a essência e a indecência. Porém, dentro de nossa essência, contém um pouco de indecência decente que nos faz sentir a paixão da vida com suas alegrias e dores. E essa indecência decente de sermos humanos nos liberta de nossa autoidolatria, que nos faz achar mais decentes do que nossos semelhantes, e do mundo cor-de-rosa daquele amor fugaz, cujo perfume se esvai ao primeiro vento.

E com nossa indecência decente, percorremos o caminho da vida, deparando-nos não com a nudez da profunda indecência, mas com a busca da essência que está guardada em nosso vaso existencial, que perfuma o mundo. E, ali, não teremos mais o cheiro da morte causada pela falta de humanidade, sim perfume da vida que se espalha em gotículas com o vento que varre as estradas da história...

E nessas gotículas espalhadas nas estradas da história está nossa essência, que nos livra da indecência eterna.

E quem ama não perde sua essência e não despreza sua indecência decente.

E, por amar, somos essencialmente eternos, pois deixamos nossas gotículas espalhadas nas estradas da história varridas pelo vento...

E, no bailar do vento, nas estradas da vida, cada gotícula de nossa essência encontrará um vaso existencial que o conservará para perfumar quem se fechar no mundo da indecência...

Para meditar:

– O que nos faz indecentes ao longo de nossa vida?

APROVEITAR A BELEZA DO MUNDO

Na simplicidade, despertar todas as manhãs. Acordar as brasas dormentes entre a lenha e as cinzas. Soprar até acordar o fogo para tudo aquecer e fazer exalar o perfume do café e seguir o dia com sua sina. E, todos os dias, repetir o mesmo ritual, sem cair na monotonia, acordando as brasas dormentes e recepcionando o sol, que nasce para aproveitar as belezas do mundo.

Sem pensar nas grandes riquezas, a camponesa segue sua vida entre panelas, natureza e devoção. Em um olhar contemplativo da experiência da vida, recolhe suas memórias e exprime sua fé em contas de rosário, balbuciadas no silêncio como agradecimento por mais um dia de vida e para pedir graças a quem ama.

Pioneira das manhãs, acompanhada da sinfonia de pássaros, conta a história de cada nascer do sol. Anteceder o astro rei é a forma de alargar o dia e saborear cada momento com suas alegrias e dores. E, mesmo nas dores, com sua força feminina e campesina, sem jamais desistir. Ainda que não haja nascer do sol, em dias nebulosos, há sempre a certeza de que tudo será dissipado e os dias se farão iluminados e alegres para mostrar a beleza do mundo.

Em seu rosto com as marcas do tempo e olhar profundo e terno, esplandece um sorriso que encanta e acolhe, brilhante como o nascer do sol. E nesse brilho estão presentes tantos sonhos que colorem a vida e a fazem lutar com tamanho vigor para realizar cada um ao nascer do sol.

Em cada arrebol, a prece se faz sua companheira de estrada, sua conselheira e consoladora para apaziguar o coração diante dos sofrimentos do mundo e das inquietações sem respostas. E, Maria, entre tantas Marias, entoa suas Ave-Marias diante das encruzilhadas da fé e daquilo que se faz incompreensível sem se desesperar até próximo nascer do sol.

E assim, com seus cabelos cor de neve e esvoaçantes pelo vento, faz-se guardiã de cada nascer do sol para aproveitar bem o dia e viver o mistério das surpresas de viver. E, com tamanha simplicidade, viver a fé com tanta intensidade, tal como o nascer do sol, evocando Aves e Santas Marias para ver a beleza do mundo.

Para meditar:

– De que modo descobre a beleza do mundo e a espiritualidade presente no cotidiano?

CORAÇÃO INQUIETO

Senhor, em meio a este Universo infinito, aqui me encontro como pequeno grão de areia diante do mar. Sem me conhecer por completo, busco em ti meu caminho seguro para encontrar as pontas de meu ser e decifrar os mistérios de meu coração inquieto. É uma inquietude que não encontro razão, mas sei que nela aí está...

Na inquietude torturante da falta de resposta a muitas perguntas do coração que pulsa inquieto. E o que parece restar é apenas o pulsar que mantém a vida. E o resto é apenas silêncio. Um silêncio silencioso que grita nas profundezas de minha intimidade, dentro da alma. E é ali, com minha alma gritante, que posso encontrá-lo silenciosamente.

Diante de seu silêncio, busco respostas tentando entender os dilemas que lutam como guerreiros com espadas afiadas dentro de mim. E, no tilintar de espadas, ressoa o eco em minhas profundezas perdendo sua força até tocar as pontas de meu silêncio. E aí, sem lutas dilemáticas, vou reconstruindo o caminho de minhas perguntas para entender suas respostas.

Na profundeza da inquietude sempre existe uma resposta a ser decifrada como rosa colhida com gotas de orvalho da brisa da manhã, mesmo quando o espinho faz sangrar. E o sangue é a prova viva da resposta latejante nascida da inquietação do espírito provocada pelo Espírito.

Diante da vida, nosso coração sempre será inquieto. Ao contrário, seríamos abatidos pelo espírito do sem sentido que silencia nossas perguntas e nos torna seres superficiais a nossa própria pele, tornando-nos banais sem a paixão de explorar os labirintos escuros de nosso ser e, ali, encontrar os tesouros desconhecidos de nossas respostas. E, sem a resposta cabal do que somos, caímos no vazio do desespero.

Não foi inquietude divina a razão para criar o que não conseguimos explicar com nossa própria razão? Não foi a inquietude divina ao ver o ser humano sem respostas diante da escuridão de suas trevas que faz o divino fazer-se carne como resposta de amor? E com muita inquietude, Deus nos criou para que nos dilemas de nossas perguntas encontrássemos respostas...

Para meditar:

- Como está seu coração? Inquieto ou sereno?
- Faça um momento de silêncio e perceba como se encontra sua interioridade. O que conseguiu captar?

EM SUA LUZ

Quando tudo é escuro e as encruzilhadas se apresentam diante de nós... O que fazer diante da falta de respostas e da incerteza da melhor escolha? E, como escolher, se a visão turva faz a noite se tornar mais densa e as encruzilhadas multiplicam a incerteza do caminho correto para chegar ao destino seguro?

E, assim, somos provados nas profundas noites escuras e nas encruzilhadas da vida com nosso desejo de caminhar e chegar ao destino seguro. Apesar da escuridão da noite, elas não são totalmente escuras, pois, em algum lugar, mesmo cobertas por densas nuvens, há uma estrela. E, enquanto houver uma estrela, nossa noite nunca será escura. E se essa estrela se apagar? Ainda assim, existirá em nossa lembrança, e a noite não será totalmente escura.

Resta-nos a encruzilhada e o profundo dilema da melhor escolha. E o que fazer, quando, na encruzilhada, escolhemos nosso destino e percebemos, ao largo do caminho, que, talvez, não era a melhor estrada e que o destino poderia estar distante de nossos olhos? Entre o arrependimento e o desespero, podemos contemplar a beleza do caminho com suas flores, pedras, seus espinhos e, quem sabe, refazê-lo com as memórias recolhidas do caminho percorrido, sem esquecer sua ponta.

A vida é cheia de encruzilhadas e de caminhos percorridos que nem sempre nos levam a algum lugar, entretanto ensinam-nos a arte de caminhar. Caminhamos entre noites escuras e encruzilhadas, pois somos *homo viator,* inquietos para encontrar o caminho do próprio mistério, presente em noites escuras e em encruzilhadas.

Em nosso percurso existencial a noite, a encruzilhada e o caminho fazem parte de nossa história de salvação. E nos salvamos a decifrar nossas noites escuras e a arriscar em nossas encruzilhadas, pois nossa aventura é o caminho que nos fascina, mesmo com suas encruzilhadas.

E como seres viandantes não caminhamos sós. Há, em nós, uma luz interior que nos faz exodais e vai nos libertando dos medos das encruzilhadas e das noites, porque, quando o divino Criador nos fez, presenteou cada um de nós com um facho de luz para caminharmos na noite escura e, quando, em nossas encruzilhadas, percebermos que nossa itinerância não nos leva ao destino, termos luz para iluminar nossa noite, aquecer-nos e nos proteger do perigo. Somos filhos da luz, pois todos nós temos, ao menos, uma fagulha de sua Luz.

E essa luz, apesar da densidade noturna, abre-lhe uma fenda e vai clareando nosso caminho; apesar dos ventos contrários, ela se movimenta como bailarina em seu espetáculo e se mantém viva, mesmo com a dificuldade de se sustentar em pé. E lá continua... incansável, porque é luz do Espírito. E a luz do Espírito não se apaga, alimenta nossa fagulha para que sempre sejamos luz em noites escuras e nas encruzilhadas dos descaminhos...

Onde estão minha luz e minhas encruzilhadas? E minhas encruzilhadas com sua luz?...

Para meditar:

– Ex 13,20-22; Ne 9,12; Lc 24,13-35.

SIMPLESMENTE AMOR...

O que é o amor?

Apenas um sentimento de seres humanos humanizados?

A fraqueza do ser?

A abertura de coração para acolhida de alguém em nossa vida?

O amor é uma interrogação e uma resposta silenciosa a tantas perguntas.

É o amor que nos faz sermos imagens e semelhanças de Deus, pois Deus é amor. E, sem amor, somos imagens de ídolos narcisistas que fingem amar apenas para cultuar nossa própria imagem. O amor não é um sentimento para manter os próprios desejos. É a transcendência de nossa humanidade.

O amor não se explica e não complica. Quando complica e se explica, é apenas um sentimento superficial, um querer bem que nos faz gostar de quem está a nosso redor. E, por ser um simples gosto, pode se tornar insosso com o avançar do tempo, pode ferir o coração.

Amar é tocar a divindade que existe em nossas profundezas e manifestá-la como doação absoluta de nós mesmos em gestos que geram e mudam uma vida para sempre. Ele é a nobreza do espírito humano com o manto singelo da compaixão com sua beleza samaritana capaz de fazer-se *kenosis* e curar. Amar é ser divino sem nunca querer ser Deus, apenas criatura que ama o Criador.

Amar é um olhar, um toque, um sorriso, um encontro, um silêncio, o não explicável que nos move a fazer o bem, um capturar o outro com quem fazemos comunhão de alma e a dar tudo de nós, em uma entrega que não se consome e não se cansa. Sempre se renova, porque é divino.

O amor salvará o mundo da indiferença e da morte.

Para meditar:

– 1Jo 4,7-12; 1Cor 13,1-13; Ct 8,6-7; Cl 3,12-15.

TEAR DA VIDA

No tear da vida, vamos tecendo nosso manto para aquecer nossa existência. Cada fio possui uma cor, uma história e uma memória. E, em cada movimento do tear, os fios se cruzam e se entrelaçam a dar a forma que sonhamos. Somos nós os artesãos a tecer nossa roupagem única que, no final da obra, revela nossa arte de nos fazermos pessoa, tecendo-nos com os fios cotidianos, a partir de nossas próprias relações. Não nos tecemos só desde fora, mas também de dentro!

Ser tecelão do manto existencial requer a paciência para desenrolar fios, desatar nós e atá-los para que a trama não se perca. Exige acuidade no olhar, mãos ágeis e persistência para entrelaçar cada fio com sua unicidade e importância para formar o tecido que cobrirá nossa profunda nudez, ao longo de nossos dias.

Sem esconder a nudez de nossa fragilidade, tecemos nosso manto para cobri-la de nós mesmos, para nos protegermos das intempéries que enfrentamos ao longo da vida e para celebrarmos as alegrias que salpicam nosso ser. Nosso manto acompanha nossa vida e tem seu ponto final no último dia de nossa existência, quando arrematamos sua borda com fios de ouro para nosso encontro com o Senhor. E o Senhor nos reconhecerá por nossa nudez e pelo manto que tecemos ao longo de nossa história...

E assim, vamos nos fazendo tecelões,
com o bailar de nossas mãos e nossos pés,
misturando memórias coloridas, cinzentas e ofuscadas,
dando forma ao manto que sonhamos,
para nos amparar nos dias frios de nossa existência,
para nos ornamentar em dias de festas,
e para nos recordar que nos tecemos desde dentro e de fora
e nos tornamos pessoas, com a unicidade de cada manto,
do qual nós mesmos fomos tecelões.

Para meditar:

– Por que é tão desafiadora a arte de nos tecer a partir de dentro?

ORAÇÃO DE OFERTA

Senhor, aqui estou e o que tenho lhe dou! Ofereço-lhe aquilo que consegui, fruto de sua graça e de meus esforços.

Há dias, Senhor, que tenho apenas mãos vazias, mas não me falta sua graça. Aceite, então, minhas mãos vazias, meu coração generoso e minha pequenez, pois é tudo o que tenho para lhe oferecer ao pôr do sol, no cansaço do dia.

Sei, Senhor, que, quando oferto minhas mãos vazias, enchê-las-á de seus dons, pois sua bondade não permite a nenhum ser humano permanecer de mãos vazias. Ao ofertar, de coração alegre, recebo o sustento para continuar a estrada de minha vida.

Reconheço-me ser errante... que caminha e se levanta, muitas vezes, com tantas quedas pelo peso das próprias inconsistências. Em minhas errâncias e quedas, oferto-lhe tudo isso, para que transforme em força para eu seguir sua estrada e me transformar em um novo ser. Ao ofertar meu coração ambivalente e minhas quedas, sei que me toma pela mão e me conduz ao caminho seguro.

Mesmo que eu tenha apenas mãos vazias para lhe ofertar, ousadamente, pedir-lhe-ei apenas uma coisa: que eu possa sempre fazer o bem. E, para isso, quero estar de mãos e coração vazios daquilo que me possa desviar dessa finalidade. Então, Senhor, faça de minha interioridade habitação do bem, ainda que em mim habite as fragmentações! Peço-lhe isso com toda a minha simplicidade!

Assim, Senhor, esta é minha oração em minha itinerância ao longo de meus dias. E, mesmo quando eu a esquecer, em meio à turbulência dos dias, ela estará presente por meio da eterna saudade que tenho de seu ser, mesmo sem dizer uma palavra e ter apenas mãos vazias para lhe oferecer. E essa saudade eterna é o que nos une. E saudade faz o coração arder...

Então, Senhor, oferto a saudade que tenho de seu ser e lhe peço a iluminação para compreender seus mistérios, inclusive quando eu não tiver nada para lhe oferecer. E sei que seguirei, sempre com essa saudade, até um dia encontrá-lo face a face e oferecer-lhe meu coração amante.

Para meditar:

- O que tem para oferecer ao Senhor neste dia?
- Escreva ao Senhor sua oração de oferta. O que gostaria de dizer-lhe? De ofertar-lhe?

EVANGELIZAR NOSSAS PROFUNDEZAS

No mais profundo de nós, existe uma força que nos move, que nos faz renascer a cada dia e sempre de um jeito diferente, sempre com novo olhar sobre a vida e sobre nós mesmos.

Em nossas cavernas profundas, estão nossas energias nos labirintos que temos de decifrar e, em cada enigma decifrado, uma chave para abrir uma porta de nosso insondável mistério. E cada porta aberta exala uma força que nos vai fazendo dinâmicos perante o lindo e ousado ato de viver.

Não vivemos só por nós...
Somos frutos de forças geradoras,
cuja base está no Criador,
a Força por excelência,
que faz renascer tudo a cada dia,
sempre de modos diferentes,
ainda que, aparentemente,
enxerguemos sempre as mesmas coisas.

E no abrir portas de nossos mistérios, descobrimos sempre mais riquezas e belezas, a de sermos evangelhos. Sim, somos evangelhos vivos que narram boas notícias, de muita vida! E nessa arte de nos fazer boas notícias, acabamos de nos perder, por vezes, e nos tornamos ruídos, contraditórios ao Evangelho encarnado em nossa forma. Sermos evangelhos, eis nossa meta!

Mas antes de sermos evangelhos, devemos evangelizar nossas profundezas, domar nossas feras, decifrar as portas de nossas virtudes, entrar nas jaulas de nosso passado para reconciliar sentimentos ruidosos, que não nos deixam cantar um canto novo do evangelho que somos. Evangelizar as profundezas para sermos arautos da mensagem da alegria para o mundo triste dar um sorriso. Evangelizar nossas profundezas para conhecermos nossa própria História de Salvação escrita e inscrita no mistério de nosso ser.

Para meditar:

- De que modo podemos evangelizar nossas profundezas?
- Sou um evangelho vivo para o mundo?
- O que necessito fazer para sê-lo?

QUANDO NÃO QUEREMOS REZAR

Há dias que não queremos rezar... Estamos rebeldes com Deus. Talvez, estejamos extremamente cansados, irritados ou não fomos correspondidos em nossos pedidos e nossas negociações com o Senhor. Sem nos repreender, Ele nos espera calmamente até que voltemos para nossa casa interior e reatemos com Ele nossa aliança não rompida.

E como fazer com o não querer rezar uma oração? Comece pela admissão sincera de que não se quer fazê-lo, sem nenhuma culpa, sem medo de punição, pois o Senhor não se cansa de nos esperar. E, quando voltarmos para nosso templo interior, reataremos com Ele nossa aliança não desfeita. E, ali, em nosso tempo e templo sagrado, perguntar-nos-emos sobre o porquê de não querermos rezar. E, nas respostas provisórias de nossa pergunta fundamental, emergirão fagulhas de diálogo que cintilam no escuro de nosso interior, e tudo vai se tornando claro, até nos encontrarmos profundamente em oração, sem mesmo querermos rezar...

E, silenciosamente, Deus está ali a escutar nossas perguntas e respostas provisórias que se manifestam em gritos a purificar e a transformar apenas palavras em oração verdadeira e agradável a Ele. Quando tudo é purificado dentro de nós mesmos, encontramos o silêncio eloquente de quem não quer rezar, mas que se põe a caminho em um profundo diálogo consigo para encontrar o caminho de casa, onde o Senhor nos espera.

Há dias que não queremos rezar... porque não temos palavras bonitas e tudo é um imenso vazio. Somos apenas um salão vazio sem a musicalidade da vida, sem eco. Nisso começa nossa oração, pois nos encontramos nus diante de nossos próprios mistérios e nossa mística, pois não queremos rezar. E, assim, despojamo-nos de tudo, e permanece apenas o salão vazio sem os barulhos dos bailes de nossa vida. E, então, na profunda melodia do silêncio, começamos a bailar a música que brota do ritmo de nosso coração que, totalmente nu, reza dentro do coração de Deus.

E, então, percebemos que é possível rezar mesmo quando não queremos rezar...

Para meditar:

- Mt 6,5-15.
- Ofereça ao Senhor seus momentos de dificuldade na vida oracional. Faça-lhe uma oração espontânea, a que brote de seu coração.

SOBRE A BELEZA

O que é a beleza?

É o êxtase do olhar, capaz de transcender os cânones estéticos. É um apropriar-se de uma realidade pelo olhar para além da própria visão! É ver a partir da própria nudez da alma e suspirar de encantamento pelos poros da sensibilidade do ser.

Beleza é paradoxo da complexidade e da simplicidade indefiníveis. É o ato de ser possuído pelo belo que engravida nossa interioridade, surpreende nossa intimidade e nos faz reconhecer humanos. E somente o humano reconhece o belo e a beleza...

A beleza é uma tentativa de definir aquilo que a alma humana capta por meio de todos os sentidos do ser – os humanos e os divinos –, estes últimos que habitam em nós sem termos consciência de que existem. Mas estão ali e nos fazem decodificar a beleza no paradoxo da imperfeição.

A beleza está contida na grande arte que é esculpir a vida desde suas próprias entranhas e a desnudar a humanidade existente no coração humano para que possa contemplar o mundo a partir das cores pintadas em cada fragmento da existência e extasiar-se diante dele. Beleza é surpresa, êxtase, contemplação, silêncio, poesia, memória e redenção...

A beleza é a porta da eternidade onde contemplaremos o somente Belo, princípio de toda a beleza que dele irradia. Assim, eternidade é o reino da beleza onde nossas almas se transfiguram pelo olhar contemplativo de nos vermos em Deus em quem nos surpreenderemos infinitamente, extasiar-nos-emos intensamente, perplexamente silenciaremos e belamente recordaremos nossas memórias e nossa redenção, que nos resgatou da impossibilidade da não beleza para sermos belos com Ele.

Para meditar:

– Como você percebe a beleza divina a seu redor? Faça um exercício de contemplação.

O REINO DOS MORTOS

No imenso Universo das coisas, nós, humanos, classificamos, para nossa compreensão, diversos reinos: reino animal, reino vegetal, reino dos céus, reino de Deus... Criamos reinos, constituímo-nos reis de nós mesmos e dos outros. E, desse modo, transcorremos nossa vida circundados por reinos e reinados sagrados e depostos, com exércitos imaginários para defendê-los.

Existe um reino que nenhum ser vivente deseja, especialmente o ser humano: o reino dos mortos. Queremos ser eternos! Se o tal reino constituísse apenas uma categoria para definir o lugar da finitude, seria apenas um detalhe na matemática da temporalidade do Universo. O reino dos mortos vai além do espaço onde estão sepultados aqueles que nos precederam, que amamos ou que esquecemos pela indiferença, e terminaram suas vidas e, ali, dormem em paz, em profundo descanso.

Contrapondo nossa lógica, existe o reino dos vivos mortos. E há muitos vivos que fazem parte do reino dos mortos. São aqueles que morreram para a vida, não pela morte física, mas se sepultaram no sepulcral do egoísmo, da indiferença e da mediocridade.

O reino dos vivos mortos é aquele da indiferença ao outro, incapaz de acolher e amar o diferente. E, quando a diferença incomoda, o caminho mais fácil que encontram é o da exclusão e da eliminação. Esse reino é constituído pela pobreza relacional e pelo reinado narcisístico de si mesmo, a tal ponto que a autoimagem constitui causa de ameaça a si próprio. Nesse reino não existe confiança e nele se encontram os verdadeiros sepulcros caiados.

Cabe-nos escolher qual reino queremos ou vigiar para não sermos seduzidos pelo reino dos vivos mortos. Nele, há apenas o vazio e o sem sentido. Resta-nos o reino que nos salva da morte eterna, mesmo após nossa finitude, o Reino de Deus. Nele, encontraremos com o que existe de mais sublime do humano e o que há de mais surpreendente no divino...

Para meditar:

- Qual o reino dos mortos presente em nosso mundo?
- Como vencê-lo a partir da força da fé, da esperança e do amor?
- Mt 23,27-28; 2Cor 5,17; 1Pd 1,3-4; Ef 2,4-5; Ef 4,22-24.

RENOVAR O ESPÍRITO NO ESPÍRITO

Renovar é o sonho de cada dia, pois cada ser humano abriga o reino da criatividade. E criatividade é dom, é movimento interno, é espírito inquieto, é alma dançante, é silêncio contemplativo, é busca de algo novo, rompimento da monotonia e da mediocridade. Talvez, por isso, somos sempre Fênix, nascendo sempre das cinzas da desesperança.

Renovar não é simplesmente fazer mudanças, recriar coisas ou situações. É um movimento do espírito, renovação. É possível haver tudo novo ao redor, com o velho espírito cego, que não vê horizontes, sem criatividade, sem a mística da surpresa e a surpresa da mística.

Renovação é ação de renovar de novo. Não é simples movimento exterior, sim algo que nasce das profundezas, do desejo humano de mudar, de reinventar, de querer um mundo novo, nosso desejo ancestral nunca realizado, mas em constante busca.

A constante busca encontra-se no espírito humano. E dentro dele está uma centelha que inquieta, o Espírito. E é por meio dele que renovamos e damos sentido.

Renovar o espírito no Espírito
é construir-se humanamente
desde dentro para buscar
e dar sentido às coisas
nas entranhas da vida
para fazer novas todas as coisas.

Renovar: força do Espírito que fecunda o espírito humano para fazê-lo peregrino em busca do bem, mesmo quando as forças do mal ofuscam a beleza da graça e do bem, frutos da renovação do Espírito no espírito.

Para meditar:

– Jo 3,1-15; 2Cor 5,17; Tt 3,5; Gal 5,22-23; Lc 4,18-19; 2
– Cor 3,17.

SENHOR, AJUDE-NOS A NÃO NOS PERDERMOS

Senhor, ajude-nos a não nos perdermos!

Quando nos encontramos nas encruzilhadas da vida e temos de escolher o melhor caminho em meio às tempestades e incertezas, ajude-nos a não nos perdermos, antes que seja tarde e caiamos no abismo de nossa falta de discernimento. Não nos abandone!

Não nos abandone quando nossas escolhas não são coerentes, devido às próprias fraquezas. Ajude-nos a refazer o caminho e encontrar o rumo certo.

Não nos deixe naqueles momentos, em que a angústia toma conta de nosso coração e nos sufoca no mar de sentimentos que nos afoga, nos dias nublados de nossa existência, em que é difícil ver o sol para despertar a primavera que há dentro de nós.

Senhor, ajude-nos a não nos perdermos
Naquilo que não é o essencial,
Em nossa falta de amor,
Em nossa desumanidade,
Em nosso egoísmo,
Em nossos preconceitos,
Em nossa própria fragmentação interior,
Em tudo aquilo que maltrata o próximo e, de algum modo, tira-lhe a vida,
Em nossa falta de fé e de esperança,
Em tudo que nos afasta de ti, Senhor!

Não nos deixe caminhar pelas estradas do mal, ainda que

sejamos livres para fazermos nossas escolhas. Envie-nos o Espírito para elegermos o Bem.

E em nossas terríveis noites escuras, sem nenhuma estrela, ajude-nos, com os olhos da fé, a encontrarmos, no infinito firmamento de nossos mistérios, a estrela-guia que nos conduz a você.

Ajude-nos a não nos perdermos diante de um mundo cada vez mais confuso e incerto para sermos nele pequenos oásis de bondade, ternura e sabedoria, mesmo quando o mal e a mentira parecerem tudo dominar.

Dê-nos sua mão. Conduza-nos, pois somos apenas seres aprendizes no caminho desse sopro do Espírito que se chama vida.

Permaneça, conosco, Senhor, para sempre...

Para meditar:

– Lc 22,39-46; Lc 24,13-35; Mc 4,35-5,43.

MAIS UM DIA SE PASSOU

Mais um dia se passou! O que repetimos do ontem, aprendemos de novo e o que sonhamos para o amanhã?

Mais um dia se passou, e, por mais que pensemos que somos os mesmos, já não o somos. Tudo mudou a nosso redor, pois não somos os únicos seres a povoar o Universo. Somos uma ponte entre passado e futuro. O ser de agora foi o de ontem e será o de amanhã, aparentemente, repetindo as mesmas coisas sempre... e mais um dia se passou.

E, nessa cronologia sem volta, vamos nos distanciando de onde começamos. E somos o que somos, porque mais um dia se passou e aprendemos alguma coisa nova. Levamos em nossa bagagem existencial uma cronologia de dias, cada qual com seu aprendizado, suas dores, seus odores e sabores. Aprendemos que nada é eterno, mas, na fugacidade das coisas, cultivamos nosso desejo de eternidade.

Mais um dia se passou e o que fizemos de bom até hoje? De que modo queremos nos eternizar no passar dos dias? No bem que fizemos? No amor que compartilhamos? No sorriso que brotou da alma? No ser samaritano cuidador das feridas existenciais de alguém? O dia que passa deixa-nos uma oportunidade de sermos melhores amanhã. Mas esse amanhã poderá ser melhor se dermos o melhor de nós hoje. Deixar para o dia de amanhã pode ser arriscado demais, pois esse dia poderá não passar...

Mais um dia se passou com suas angústias, tristezas, belezas, com vida que se despede e se inicia com seu choro. E, nesse ritmo, vamos nos despedindo de nós mesmos sem que percebamos para eternizarmos na memória do tempo sem tempo. E no tempo sem tempo os dias não passam...

Nos dias que não passam do tempo sem tempo, contemplaremos as memórias do que fomos no passar do tempo e do que amamos. E é somente o amor que nos salvará, pois ressoará no coração de Deus, o supremo Amor, e ele nos perdoará de nossa falta de sabedoria por termos deixado apenas os dias passarem e não sermos melhores.

Mais um dia se passou! O que aprendemos do ontem? Que bem realizamos hoje? Que mundo melhor continuamos a construir amanhã?

Para meditar:

- O que podemos aprender de nossas experiências e aplicá-las para nos tornarmos melhores?
- Ecl 3,1-8; Jó 8,9; Gl 6,9.

ANJO DA GUARDA

E de repente você apareceu.
Timidamente entrou em minha vida!
Com sua beleza estonteante, seduziu-me
E tomou conta de meu ser e de meu pensar,
Até me encontrar no azul do mar
Com sua beleza e surpresas mortais.
De frente ao abismo da morte, ali estava, lançando-me para além das ondas com sua força.
E a sombra da morte consolidou o amor com seu silêncio.
E à beira do mar, cansado de lutar com a morte e vencê-la, sua presença era ternura,
Um olhar assustado que transmitia serenidade.
Era o Anjo da Guarda arrancando-me o medo da volta à vida,
Tirando-me do escuro da morte.
No mistério da vida, os Anjos da Guarda aparecem do nada.
São invisíveis do outro lado do oceano,
Mas transpõe a distância, porque tem um coração.
E somente quem tem coração é capaz de salvar e dar vida.
E salvar é sempre se arriscar por alguém nos perigos do mar...
Anjos da Guarda sempre aparecem do nada.
São tímidos e belos.
Tornam-se inesquecíveis por nos salvarem.
São tão humanos e tão divinos!
E caminham conosco por uma vida até a eternidade...

Para meditar:

- Que situações vivenciou que você sentiu a mão divina agindo?
- Que pessoas encontrou em sua vida que foram Anjos da Guarda para você? Faça memória agradecida por elas e reze por elas.

CONCLUSÃO

Ao finalizar a leitura, quais foram as provocações que lhe foram feitas pelos textos? Essa pergunta lhe permite uma revisão do caminho percorrido bem como um pensar nos elementos de sua meditação, que constituirão bases para elaborar seu itinerário espiritual. Esse itinerário é processual e vai se aprofundando à medida que pensar sobre como lida com sua vida, professa sua fé e como essa fé professada qualifica suas ações cotidianas no mundo, de modo que seu agir seja sempre transformador e em função do bem. Eis aí um caminho desafiante, mas belo de se percorrer.

Não se pode delegar aos outros aquilo que é de responsabilidade pessoal. Nesse sentido, o processo de conversão pessoal cotidiana depende primeiramente de cada um. Os fatores externos podem contribuir para tal, mas tudo é gerado a partir de sua interioridade e de sua relação com Deus. Isso não é intimismo, que é a negação da interioridade e fechamento em si mesmo. Esse processo de mudança o leva a qualificar seu agir, posteriormente, em relação ao próximo e sua casa comum, onde se tecem as relações. O mundo não seria outro se todos fossem tocados pelas pequenas conversões diárias? Então, comece... nunca é tarde para ser melhor!

Anime-se a construir um caminho de crescimento interior para si. Bastam um coração aberto, docilidade ao Espírito Santo, capacidade de escutar o coração, o mundo a seu redor e pôr-se a caminho com o mapa oferecido pela Sagrada Escritura.

Que as provocações do caminho lhe façam melhor, e a vida provoque sua fé, e a fé ilumine sua vida!...

Este livro foi composto com as famílias tipográficas Palatino Linotype, Futura PT, Garamond e Segoe UI e impresso em papel Book Ivory 65gr pela **Gráfica Santuário.**